CATÉCHISME

DE DROIT NATUREL.

CATÉCHISME DE DROIT NATUREL,

À L'USAGE DES ÉTUDIANS EN DROIT.

PUBLIÉ

PAR

HENRI JOUFFROY.

LEIPSIC ET PARIS,
CHEZ BROCKHAUS ET AVENARIUS,
LIBRAIRIE FRANÇAISE-ALLEMANDE.

1841.

AVANT-PROPOS.

Le droit naturel étant le fondement et la base du droit positif ou conventionnel, son étude est indispensablement nécessaire à tous ceux qui se destinent au Barreau. Comme cette science a été cultivée en Allemagne avec beaucoup plus de soin que dans les autres pays de l'Europe, et que depuis Kant elle a adopté une forme toute nouvelle, on ne lira peut-être pas sans intérêt cet ouvrage que je présente au public, et qui contient le résumé des principes développés dans de profonds et savans ouvrages des meilleurs Publicistes allemands. C'est surtout aux jeunes gens qui étudient le Droit que je l'ai consacré.

C'est un fil que je leur offre pour se guider; leurs méditations et leurs recherches doivent faire le reste. Puisse-t-il servir à les prémunir contre les idées erronées et exaltées en fait de liberté et en fait de forme de Gouvernement!

TABLE DES MATIÈRES.

INTRODUCTION.

MÉTAPHYSIQUE DES MOEURS.

DROIT NATUREL ABSOLU.

DROIT NATUREL HYPOTHÉTIQUE.

DU DROIT DE SOCIÉTÉ.

RÉCAPITULATION.

Les dix commandemens du droit naturel.

DROIT NATUREL APPLIQUÉ,

ou

Application du droit naturel pur à l'État, à l'Église et au mariage.

I.

DROIT PUBLIC.

II.

DROIT ECCLÉSIASTIQUE.

III.

DROIT DE FAMILLE.

INTRODUCTION.

Du droit naturel et de ses parties.

I.

Définition du droit naturel.

Le droit naturel est la science des droits et devoirs juridiques et de leurs modifications dans les diverses relations humaines, en tant que ces droits et devoirs sont reconnus par la raison et par la nature propre de ces relations. Mais c'est à tort qu'on considère le droit naturel comme la science des *droits* exclusivement, comme si les *devoirs* n'appartenaient qu'à la *Morale* ou l'*Éthique*. Car l'homme n'a son *droit inné* même qu'autant que les autres ont le *devoir inné* de ne point le déterminer contre sa volonté. Le devoir est le fondement du droit; et le principe suprême du droit naturel part même de devoirs. Les devoirs sont donc aussi du ressort du droit naturel, et à la Morale proprement dite n'appartiennent que ceux des devoirs qui sont *intérieurs*, et que jusqu'ici l'on a toujours considérés comme étant seuls de son ressort.

1

II.

Il est une branche de la métaphysique des moeurs, ou de la Morale.

Le droit naturel pose comme déjà certaine et déterminée l'idée de droit et de devoir. Car il suppose la métaphysique des moeurs, qui est la tige commune de deux branches de science, appelées le *droit naturel* et l' *Éthique* ou la *Morale.*

III.

Division du droit naturel.

Le droit naturel a dès-lors deux parties qui diffèrent entr'elles d'objet, et de méthode, savoir: le *droit naturel pur*, et le *droit naturel appliqué.*

1° Le *droit naturel pur* est la science des droits et devoirs qui dérivent de la nature propre de l'homme. Il se divise

a) en *droit naturel absolu*, qui s'occupe à déduire de leur principe suprême les *droits innés* de l'homme;

b) en *droit naturel hypothétique*, qui a pour objet de rechercher et d'établir la possibilité des *droits acquis.*

À la suite de ces deux genres de recherches il convient de traiter séparément le droit universel de société, lequel, faisant abstraction de toute société particulière donnée par l'expérience, par cela même est à considérer comme une partie du droit naturel pur.

2° Le *droit naturel appliqué* est la doctrine des modifications que les droits et devoirs établis par le droit naturel pur subissent dans les relations individuelles de la vie pratique. Pour épuiser cette partie du droit naturel quelques écrivains y ont développé la nature propre de tous les instituts dont s'occupe la législation écrite; mais comme, même au moyen de cette méthode, on n'a point pu épuiser la matière, d'autres écrivains se sont bornés à ne traiter dans le droit naturel appliqué que des relations humaines les plus importantes, notamment de celles qui ne forment un tout collectif que parce que l'humanité et la civilisation reposent sur elles, savoir:

l'État,
la Famille,
l'Église.

La métapolitique, en tant qu'elle est la science qui s'occupe de recherches sur les associations politiques en général, comme de raison, doit précéder le droit public universel.

IV.

Droit des gens naturel, et droit conventionnel universel.

Le droit des gens naturel, ne contenant autre chose que le droit extérieur de société en général, n'est pas une science particulière du droit naturel. Le droit conventionnel universel l'est tout aussi peu. Car la détermination des droits du citoyen dans les relations privées ou civiles ne peut émaner que du pouvoir législatif. Or tout ce que l'on peut dire relativement à la nécessité ou possibilité de pareilles déterminations n'est autre chose qu'une règle qui concerne le pouvoir législatif, et par conséquent du ressort du *droit public*, s'il ne l'est pas en grande partie de la politique intérieure.

V.

Méthode du droit naturel.

Le droit naturel pur est susceptible d'une méthode strictement rigoureuse, et doit la suivre, car toutes ses vérités sont d'une certitude apodictique. Toutefois sa méthode est *analytique*, et non pas *synthétique*, comme celle des mathématiques, car c'est de la notion de la liberté extérieure, et de cette notion exclusivement, que doivent être dérivés les droits innés, et de ces droits innés les relations primordiales envers les choses (*propriété*), et envers les personnes (*offenses* et *contrats*).

VI.

Rapport entre le droit naturel pur, et le droit naturel appliqué.

Entre le droit naturel appliqué et le droit naturel pur il existe le même rapport qu'entre les mathématiques appliquées et les mathématiques pures. Ainsi que les mathématiques appliquées recherchent la nature physique des objets dont elles s'occupent, de même le droit naturel appliqué recherche historiquement la nature des relations individuelles auxquelles il veut appliquer les lois naturelles de la liberté extérieure. À l'instar du droit naturel hypothétique, le droit naturel appliqué s'occupe de relations de droit, mais de celles qui sont empiriques, tandis que les relations de droit du ressort du droit naturel hypothétique sont, de leur nature, des relations primordiales, ou primitives, que l'on peut par conséquent se représenter antérieurement à toute expérience.

MÉTAPHYSIQUE DES MOEURS.

I.

Liberté.

§. 1.

Actions, lois

Les changemens opérés par les forces mêmes des choses sont, par rapport à ces choses, appelés *actions*, et les déterminations de la possibilité ou de la nécessité de ces changemens, *lois*.

§. 2.

Absence de liberté dans tout ce qui est purement matériel.

Tout ce qui est matériel ou sensuel ne reçoit que du dehors le mouvement de ses forces, n'est déterminé qu'extérieurement, et tient à une série infinie de causes et d'effets.

§. 3.

Volonté.

Mais l'être doué de raison a une *volonté*, c.-à-d. un pouvoir d'agir d'après des représentations de la loi, et *une volonté susceptible d'être déterminée par la raison*, c.-à-d.

un pouvoir de se déterminer à faire une action, ou à s'en abstenir, par la seule représentation de la propriété de cet acte, d'être ou conforme ou contraire à la raison.

§. 4.

Actions conformes et contraires à la raison.

Car une action est *conforme à la raison*, lorsque la loi qui la détermine n'est en contradiction ni avec elle-même ni avec ses accessoires, et que par conséquent elle peut être conçue dans un système général de lois pour des êtres raisonnables. L'action est évidemment *contraire à la raison*, lorsque dans la loi qui la détermine on reconnaît de suite, sans le secours de l'expérience, une contradiction, soit avec elle-même, soit avec ses accessoires.

§. 5.

Liberté.

Or comme sans le secours de l'expérience, et indépendamment de tous les phénomènes qui peuvent se passer dans le temps, et même contrairement à eux, la raison peut rejeter ce qui est contradictoire, et approuver ce qui ne l'est pas, l'être doué de raison peut par cela même déterminer ses actions indépendamment des impressions extérieures des sens.

§. 6.

Cette indépendance, ce pouvoir de l'homme, d'être la cause première de ses actions, est la *liberté*, ce mot pris dans son sens le plus éminent.

II.

Moralité.

§. 7.

Double nature de l'homme.

L'homme, mélange merveilleux de deux natures contradictoires, est en partie un être *sensible*, et comme tel soumis aux lois qui le déterminent extérieurement (§. 2.), en partie un être *raisonnable*, et par conséquent capable de se donner des lois à lui-même.

§. 8.

Actions volontaires et involontaires.

Par cela même ses actions sont d'une double espèce, savoir, *involontaires*, c.-à-d. les changemens qui s'opèrent en lui indépendamment de sa volonté, et *volontaires* ou *spontanées*, c.-à-d. les changemens qu'il produit lui-même d'après la loi de la liberté (§. 6.).

§. 9.

Actions négatives et positives.

Les deux espèces d'actions se distinguent aussi les unes des autres, en ce que relativement aux actions volontaires les actes d'omission valent comme actions, vu que la résolution de s'abstenir de faire est une action.

§. 10.

Les actions volontaires sont par conséquent ou *négatives* (actes d'omission), ou *positives* (actes de commission).

§. 11.

Moralité.

En outre, les actions volontaires sont jugées bonnes ou mauvaises en elles-mêmes, sans égard à leurs effets, c.-à-d. à leur influence sur notre douleur ou notre plaisir, et cette propriété des actions volontaires est ce qu'on appelle *moralité*.

§. 12.

Actions bonnes et mauvaises.

On les appelle *bonnes*, lorsqu'elles sont conformes à la loi de la liberté (§. 4. et 6.) et que la loi qui les détermine peut être conçue dans un système général de lois pour des êtres raisonnables, dans le cas contraire on les appelle *mauvaises*.

§. 13.

Loi suprême de la métaphysique des moeurs.

Une loi qui ordonnerait que des êtres libres dussent être déterminés extérieurement anéantirait cette liberté et par conséquent la nature raisonnable de l'homme; elle renfermerait par conséquent une disposition très-répréhensible (§. 11.). Or une loi, suivant laquelle des êtres libres dussent être employés comme moyens de remplir des fins qui n'eussent pas été aussi choisies par eux, mais seulement par d'autres, ordonnerait qu'ils dussent être déterminés extérieurement, par conséquent non librement, non volontairement. Voilà pourquoi la loi suprême de la nature morale est celle-ci:

En toi, et hors de toi, traites toujours l'humanité comme fin en elle-même, et non jamais comme simple moyen.

§. 14.

Tout être raisonnable est par conséquent but et fin en lui-même.

§. 15.

Actions légitimes et illégitimes.

La loi d'une action peut-elle bien être conçue comme loi générale, mais l'agent est-il déterminé à cette action par inclination, par conséquent par quelque chose de sensuel, et non pas par pur respect pour la loi de la raison, l'action n'est point réellement bonne, elle n'est que *légitime*.

§. 16.

La légitimité d'une action est donc sa conformité à la loi, que cette conformité ait effectivement et uniquement été déterminée par la loi, ou non.

§. 17.

Au contraire l'illégitimité d'une action est sa contradiction avec la loi, que cette contradiction ait été, ou non, aperçue et voulue par l'agent.

§. 18.

L'homme n'est donc jamais en état d'apprécier la véritable bonté ou méchanceté des actions d'autrui; il ne peut juger que de leur légitimité ou illégitimité.

III.

Droits et devoirs.

§. 19.

Je dois, ou nécessité morale.

Lorsque j'entrevois qu'un acte d'omission, ou un acte de commission serait répréhensible (§. 12.) je *dois* agir dans le premier cas, et m'abstenir d'agir dans le second. Là *l'action*, ici *l'omission* est à mon égard *moralement nécessaire.*

§. 20.

J'ose ou possibilité morale.

Lorsque je reconnais qu'un acte de commission ou un acte d'omission n'est point répréhensible, *j'ose* le faire, ou en d'autres termes, il est à mon égard moralement possible.

§. 21.

Le devoir.

Cette nécessité morale, ou la position d'un homme dans laquelle il doit, s'appelle un *devoir.*

§. 22.

Le droit ou la faculté.

Au contraire cette possibilité morale, ou la position d'un homme dans laquelle il ose, s'appelle un *droit* ou une *faculté.*

§. 23.

Lois morales.

Les lois morales par cela même ne sont autre chose que des déterminations des droits et devoirs, car elles établissent la possibilité ou la nécessité morale (comparez les §. 1. 21. 22.).

§. 24.

Les lois ou permettent simplement quelque chose, ou imposent des injonctions soit de faire, soit de s'abstenir de faire.

§. 25.

Collision des lois morales.

En morale on appelle *collision* le rapport de deux lois dans lequel elles rendent mutuellement impossible l'observation de leurs dispositions.

§. 26.

Entre lois qui n'emportent qu'une permission aucune collision n'est possible, parce qu'elles n'imposent pas des injonctions de faire ou de s'abstenir de faire.

§. 27.

Une véritable collision n'est non plus possible entre une loi de cette espèce et une loi qui impose l'injonction de faire ou de s'abstenir de faire, parce que cette injonction passe avant la permission.

§. 28.

Une collision n'est pas davantage possible entre lois prohibitives, c.-à-d. qui enjoignent de s'abstenir de faire, parce que de simples négations ne s'excluent pas mutuellement.

§. 29.

Enfin le cas de collision ne peut jamais non plus subsister entre deux lois, dont l'une impose l'injonction de faire, et l'autre celle de s'abstenir de faire, autrement la loi morale serait en contradiction avec elle-même.

§. 30.

Mais une collision peut avoir lieu entre deux lois qui prescrivent des actes de commission, attendu que nos actions qui sont soumises aux conditions du temps et de l'espace ne peuvent point observer à la fois les deux lois.

Note. L'Éthique, ou la Morale, traite de la règle relative à cette collision, parce que les devoirs qui admettent la possibilité de semblables collisions sont seuls de son ressort.

§. 31.

Comme ce qui est moralement nécessaire est toujours possible, j'ai toujours un droit à quoi je suis obligé (§. 21. 22.).

§. 32.

Au contraire, comme ce qui jamais n'est possible ne peut jamais non plus être nécessaire, aucun devoir ne peut imposer des injonctions illicites de faire ou de s'abstenir de faire.

§. 33.

Division des droits et devoirs en
a) *généraux*,
b) *particuliers*.

Les droits et devoirs sont dits *généraux*, ou *universels*, lorsque, déterminés par des lois générales, ils reçoivent leur application dans toutes les positions, situations ou relations des hommes, sans exception; ils sont dits *particuliers*, lorsque, déterminés par des lois particulières, ils ne sont admissibles que dans de certaines positions ou manières d'être. La générosité et la bienfaisance, n'étant des vertus que là où elles sont à leur place, nous offrent l'exemple de devoirs particuliers. La justice, la probité, la véracité, étant nécessaires dans tous les temps et dans tous les lieux, sont un exemple de devoirs généraux.

§. 34.

c) *affirmatifs*.
d) *négatifs*.

Les droits et devoirs sont ou *affirmatifs* (positifs) ou *négatifs*. Les premiers ont pour objet la commission, les autres l'omission de certains actes. Le commandement „*tu ne tueras point*“ est un exemple d'un devoir négatif; le précepte „*secours ton prochain*“ est un exemple d'un devoir affirmatif.

§. 35.

e) *envers nous-mêmes*,
f) *envers autrui.*

Les droits et devoirs sont de plus:

des droits et devoirs envers autrui, qui sont déterminés par des lois corrélatives, où par conséquent au droit de l'un correspond toujours un devoir des autres,

des droits et devoirs envers nous-mêmes, qui sont déterminés par des lois non-corrélatives, où par conséquent un devoir de l'un et un droit des autres ne découlent pas de la même loi. Le devoir, de ne point attenter à la propriété de mon prochain, m'est imposé par la même loi qui lui confère la propriété, mais aucun droit d'autrui ne correspond à mon devoir de soutenir par la religion ma vertu chancelante, et de m'encourager au bien par des prières et par la pensée à Dieu, car vouloir attribuer des droits à l'Être suprême serait évidemment avilir la Divinité.

§. 36.

g) *extérieurs*,
h) *intérieurs.*

Enfin les droits et devoirs sont

extérieurs, quand leur violation et leur accomplissement se révèlent par un acte extérieur et peuvent par cela même être aperçus dans le monde des phénomènes;

et *intérieurs*, quand ils sont accomplis et violés dans l'intérieur de l'âme, dans le coeur. La vengeance viole un devoir extérieur; l'esprit de vengeance qui ne se manifeste pas par un acte extérieur, mais qui repaît notre imagination du supplice de notre ennemi, pèche contre un devoir intérieur. La chasteté est un devoir *extérieur* parce qu'elle nous défend de nous livrer aux écarts de l'impudicité, mais elle est aussi un devoir *intérieur* en tant qu'elle nous ordonne de maintenir la pureté de notre imagination.

§. 37.

Éthique et Jurisprudence. Principes suprêmes qui leur servent de base.

La liberté de l'homme est la source de tous ses droits et devoirs. Cette liberté est ou *intérieure* ou *extérieure.* La liberté *intérieure* est l'indépendance de l'homme de ses propres passions, la liberté *extérieure* est son indépendance de la volonté d'autrui. La science des droits et devoirs qui se rapportent à la liberté intérieure est *l'Éthique* ou la *Morale proprement dite*; celle des droits et devoirs qui se rattachent à la liberté extérieure est la *Jurisprudence*, ou le *droit naturel.* Le principe suprême qui sert de fondement aux droits et devoirs du ressort de la Morale peut être exprimé par la formule qui suit:

> **En toi,** *traites toujours l'humanité comme fin en elle-même, et non jamais comme simple moyen* [*tant ta propre humanité que celle d'autrui*].

En toi veut dire ici: *en pensée*, — pensée qui ne se révèle point par des actes extérieurs.

Le principe suprême de toute Jurisprudence naturelle est celui-ci:

> **Hors de toi,** *c.-à-d. dans les autres hommes, ne traites jamais l'humanité comme moyen.*

§. 38.

Justice, équité.

La justice est l'accomplissement des devoirs juridiques. Il y a une justice extérieure qui n'accomplit ces devoirs que par et dans un acte extérieur, et une justice intérieure qui le fait par maxime. L'équité (en allemand *Billigkeit)* est l'exercice des droits juridiques tempéré d'après les lois de la Morale.

IV.

Principe suprême du droit naturel, et ses caractères distinctifs.

§. 39.

Principe suprême du droit naturel.

Nous l'avons déjà dit, le principe fondamental du droit naturel est celui-ci :

> ***Hors de toi***, *c.-à-d. dans les autres hommes, ne traites jamais l'humanité comme moyen*,

en d'autres termes :

> *Abstiens-toi de tout acte (d'omission ou de commission), par lequel tu déterminerais de fait les autres hommes contre leur volonté raisonnable*,

ou enfin :

> *Circonscris ta liberté extérieure par l'idée de la liberté extérieure d'autrui.*

§. 40.

Ce principe étant l'unique condition sous laquelle des êtres raisonnables peuvent en toute liberté vivre ensemble, tout ce qui ne porte pas atteinte à la liberté d'autrui est extérieurement juste, et tout ce qui la blesse est injuste.

§. 41.

Caractères distinctifs de ce précepte.
a) *général.*

Le principe suprême du droit naturel est d'abord général, car aucun être raisonnable ne saurait déterminer un autre contre sa volonté.

§. 42.

b) *négatif.*

Il est de plus négatif, comme la liberté elle-même, car il ne veut que l'absence de toute détermination d'autrui, d'où il suit que les droits et devoirs qui en découlent le sont pareillement (§. 34.).

§. 43.

c) *corrélatif.*

Il est de sa nature corrélatif, parce qu'il suppose la coexistence de plusieurs hommes, en sorte que lorsque quelqu'un a un droit juridique, d'autres ont par rapport à lui un devoir juridique, ou lorsque quelqu'un a un devoir juridique, d'autres ont relativement à lui un droit juridique qui lui correspond.

§. 44.

d) *extérieur.*

Et par cela même qu'à ce devoir correspond toujours un droit d'autrui, et que le devoir même ne souffre jamais d'exception, la transgression et l'accomplissement du principe suprême du droit naturel se manifestent sans cesse par des actes extérieurs. Le fondé en droit, l'obligé, et même tout tiers quelconque, sont donc en état de juger si une action est conforme, ou contraire au devoir juridique.

Note. C'est là ce qu'on appelle le for extérieur, *forum externum.* Sulzer et Mendelssohn en ont fait le caractère principal et distinctif du devoir *juridique.*

§. 45.

Tout ce qui n'est donc pas généralement appréciable ne peut jamais être considéré comme péchant contre le devoir juridique. La violation et l'accomplissement dans l'intérieur de l'âme du principe suprême du droit naturel ne sont point du ressort de la Jurisprudence.

§. 46.

Ce qui premièrement rend l'intention de l'agent bonne ou mauvaise ne concerne le droit et l'obligation juridiques pas avant que des indices extérieurs suffisans n'aient mis cette intention dans tout son jour.

Note. L'appréciation de la suffisance de ces indices n'est point une affaire du droit naturel, mais bien de la logique et du bon sens.

§. 47.

Limites de la Jurisprudence et de la Morale.

De ce qui précède il résulte clairement que les droits et devoirs *juridiques*, c.-à-d. ceux qui sont du ressort de la Jurisprudence et non pas de l'Éthique ou de la Morale proprement dite, doivent avoir les caractères distinctifs suivans :

Ils doivent être

1° *généraux*. Rien ne peut, par exemple, nous dispenser du devoir de restituer au propriétaire la chose prêtée, lorsqu'il la réclame légitimément.

2° *négatifs*, car la liberté extérieure, est elle-même quelque chose de négatif; elle ne veut que l'absence de toute détermination d'autrui. Le devoir même de remplir les conditions d'un contrat passé n'est autre chose que le devoir de ne point soustraire à la partie contractante ce qui est devenu sa propriété par le contrat; il est donc purement négatif.

3° *des droits et devoirs envers autrui*, car la liberté extérieure, qui seule est l'objet du droit naturel, est, et suppose un rapport avec d'autres hommes.

4° *extérieurs*, c.-à-d. que leur accomplissement et leur transgression doivent se manifester par un acte extérieur et pouvoir par conséquent être aperçus dans le monde physique. Les droits et devoirs qui ne sont accomplis et violés que dans l'intérieur de l'âme ne sont point de la compétence du droit naturel.

Il suit de là que tous les devoirs *particuliers*, *affirmatifs*, *envers nous-mêmes* et *intérieurs*, sont du ressort de la Morale.

DROIT NATUREL ABSOLU.

V.

Des droits innés de l'homme.

§. 48.

Droit sur sa personne,
1ier droit inné de l'homme.

Le premier droit inné est le droit sur soi-même, en vertu duquel l'homme ose vivre et exister avec tous les avantages dont la nature a doué son corps et son âme. Car quiconque lui ravirait sa vie et la santé de son corps et de son âme, déterminerait et emploierait comme simple moyen un être libre, contrairement à sa volonté, et le rabaisserait au rang d'un être privé de raison.

Note 1. C'est par rapport à ce droit que dans le droit naturel l'homme est appelé *personne.* En Jurisprudence le terme de *personnalité* désigne la capacité de droits et d'obligations, laquelle est attachée à l'existence d'une volonté raisonnable.

Note 2. Ce droit inné est l'unique dot que l'homme ait reçue de la nature, mais par ses fruits cette dot est une des plus riches, car tous les autres droits de l'homme doivent en être dérivés.

2*

§. 49.

Droit sur ses actions,
2me droit inné de l'homme.

Du droit sur la personne découle le second droit inné de l'humanité, savoir, le *droit de l'homme sur ses actions*, en vertu duquel il ose 1° agir, 2° s'abstenir de faire, comme il le juge à propos. Car le contraindre malgré lui, ou l'empêcher, contre son gré, d'agir, serait léser sa personne.

Note. Ce droit de l'homme sur ses actions est spécialement appelé *liberté*, ou la *liberté extérieure*, qui par conséquent est l'indépendance de nos actions des déterminations d'autrui.

§. 50.

Droit à l'usage des choses,
3me droit inné de l'homme.

Du droit de l'homme sur ses actions dérive son droit naturel *à l'usage des choses*, troisième droit inné, en vertu duquel l'homme peut employer à toutes les fins possibles tout ce qui n'est point être raisonnable, ou se servir des choses pour satisfaire à ses besoins. Car comme il est maître de ses actions, personne n'ose l'empêcher de faire usage des choses, vu que *faire usage des choses*, c'est *agir*. L'objet de ce droit est donc uniquement l'action propre de l'homme et non pas les choses, sur lesquelles personne n'a un droit inné.

Note. Grotius appelait ce droit communio primaeva positiva et Puffendorf communio primaeva negativa. On disputa par conséquent sur des mots qui emportaient le même sens.

§. 51.

Il est donc permis à l'homme de faire tout usage physiquement et moralement possible des choses, d'en retirer tout l'avantage qu'elles peuvent offrir à son penchant pour l'activité.

§. 52.

S'il peut exister encore d'autres droits innés.

Il ne peut point y avoir d'autres droits innés de l'homme, parce qu'il n'est possible de compromettre la dignité d'un être libre, et de le rabaisser au rang d'un être privé de raison, qu'en lésant sa personne même, ou en déterminant ses actions pour des fins qu'il ne veut point lui-même.

Note 1. Le droit naturel absolu ne reconnaît par conséquent point *un droit à la bonne réputation*. Ai-je mérité qu'on me calomnie, comment, lorsque j'agis mal, puis-je exiger qu'on dise du bien de moi? Me calomnie-t-on injustement, je peux m'appliquer la vérité contenue dans cette réponse d'un Sage de l'antiquité: „ils me calomnient, mais je ne serai point calomnié", car par cette calomnie je ne serai point employé comme moyen. Comme moyen de nuire, la calomnie sans doute est réprouvée par la loi naturelle, mais ceci rentre dans le droit naturel hypothétique. Pour être un droit inné, le droit à la bonne réputation, au bon renom, à la bonne fame, ne présente par conséquent aucun des caractères qui constituent un droit juridique, car 1º la calomnie ne porte pas atteinte à la liberté de celui qui en est l'objet, la personne calomniée n'est point employée comme simple moyen *extérieurement*, quoique bien dans l'intérieur de l'âme, dans l'esprit, dans la pensée du calomniateur, à moins que la calomnie n'enfreigne tout autre droit déjà reconnu du calomnié. 2º Ce droit à la bonne réputation ne pourrait se fonder que sur une loi de ne point parler des autres, ou d'en dire du bien. 3º Ce droit n'est pas appréciable au dehors. Car pour décider que des propos fussent véritablement calomnieux, il faudrait être sûr que le calomniateur ne tînt point pour vraies les faussetés qu'il débite. La calomnie ne pèche que contre la justice intérieure, contre un devoir intérieur ou moral, et ce qui le prouve, c'est cette réflexion, que dans le cas de nécessité la justice extérieure permet, il est vrai, de tuer son ennemi, mais que dans aucun cas on n'est en droit de le calomnier, parce que la transgression, de la part des autres, de devoirs juridiques envers moi me dispense à la vérité des miens envers eux, mais non pas de mes obligations envers l'humanité en général.

Note 2. Le droit naturel absolu ne reconnaît point un droit inné d'exiger des autres la véracité. Le mensonge ne pèche que contre un devoir moral, car le menteur n'emploie comme moyen que soi-même, et non pas celui auquel il ment. D'ailleurs pour décider qu'une personne mente ou ait menti, il faudrait connaître sa pensée et la comparer avec ses propos. L'appréciabilité, ou le for extérieur, manque donc tout-à-fait ici. Comme moyen de nuire aux droits d'autrui, le mensonge est sans doute illicite. Mais devons-nous compter autant de droits innés qu'il y a de moyens de nuire aux droits d'autrui ?

Note 3. L'homme a sans doute l'obligation de vivre en société, mais cette obligation est purement morale et non pas juridique. Comme il est impossible de vivre en société avec tous les hommes, qui donc aurait à proprement parler le droit correspondant à cette obligation ? Nous avons le droit de nous réunir en société avec d'autres, mais ce droit, comme celui d'exercer notre foi, se trouve déjà compris dans le droit sur nos actions.

VI.

Nature propre des droits innés.

§. 53.

Égalité absolue des droits innés.

Comme la raison est l'unique fondement des droits et devoirs, et qu'elle est la même dans tous les hommes, quelque différens que soient les talens de l'esprit et du corps dont la nature a partagé chaque individu, les hommes jouissent entr'eux, sous le rapport de leurs droits innés, d'une égalité parfaite et absolue.

§. 54.

Les droits innés appartiennent même aux enfans, aux aliénés etc. qui ne peuvent pas faire usage de leur raison, dont cependant ils ont été doués.

§. 55.

Mais par cela même qu'ils ne peuvent point faire usage de leur raison, et que dans leurs actions la raison ne détermine point en réalité leur volonté, d'autres osent exercer à leur place leurs droits innés dans la vue de les leur conserver, c'est-à-dire, qu'ils osent, en partie, empêcher tout tiers quelconque d'employer comme simples moyens de pareils individus frappés d'incapacité, en partie les empêcher eux-mêmes de s'employer comme tels. À cela un devoir moral oblige, et un droit juridique par conséquent autorise.

§. 56.

Inaliénabilité des droits innés.

Les droits innés de l'homme sont inaliénables, c'est-à-dire, qu'on ne peut les lui ravir, pas même avec son approbation. Car l'homme que l'on priverait de ses droits innés serait rabaissé au rang d'un être dépourvu de raison; il ne demeurerait plus fin et but en lui-même; il serait employé comme simple moyen (§. 14.).

§. 57.

Mais quoique l'homme ne puisse jamais contracter l'obligation de sacrifier à d'autres sa vie ou une partie de sa vie, il peut cependant être dans le droit et l'obligation d'entreprendre pour autrui quelque chose où sa vie et son corps courent des dangers. Car sans nous arrêter à cette réflexion que les droits et devoirs ne doivent jamais être jugés d'après leurs suites (§. 11.), l'homme peut toujours en semblable occurrence être encore considéré comme fin ou but en lui-même.

Note. Par cette proposition: les droits ne souffrent point d'exceptions, on n'entend point que personne n'ose y renoncer, mais bien que personne n'ose les enfreindre sans mon agrément.

§. 58.

Pareillement l'homme, quoiqu'il ne soit pas fondé à se désister de son droit sur ses actions en général, peut cependant en laisser déterminer quelques unes par autrui, ou les employer à des fins étrangères; et être même obligé à cela. En semblables occurrences sa dignité d'homme n'est pas compromise, et il demeure toujours fin et but en lui-même.

§. 59.

Par la même raison l'homme peut être en droit et avoir l'obligation de se désister de son droit à l'usage de certaines choses, bien qu'il ne puisse jamais renoncer à son droit à l'usage des choses en général.

DROIT NATUREL HYPOTHÉTIQUE.

VII.

Droits acquis.

§. 60.

Objet du droit naturel hypothétique.

Le droit naturel hypothétique s'occupe de la recherche des droits acquis.

§. 61.

Définition des droits acquis.

Les droits acquis sont ceux qui se fondent non-seulement sur l'existence de l'homme en sa qualité d'être raisonnable et sensible, mais aussi sur l'intervention d'un fait.

§. 62.

Objet des droits acquis.

L'objet des droits acquis doit être quelque chose de hors de la personne de l'ayant-droit; car tout ce qui se trouve dans sa personne est déjà objet des droits innés.

Note. Quel est le lien mystique qui attache exclusivement à notre personne des objets hors de nous? Qu'est-ce qui fait que ma plume m'appartient aussi exclusivement que la main qui la tient? Les hommes n'ont-ils pas un droit égal, un droit inné à l'usage de toutes les choses? Qu'est-ce qui peut donc m'autoriser à m'approprier une chose quelconque, c.-à-d. à en exclure tous les autres hommes, à leur en interdire l'usage?

§. 3.

Acquisition, et difficultés qu'elle présente.

L'acquisition est l'événement ou le fait, par lequel, hors de l'homme, quelque chose commence à devenir l'objet de son droit, par conséquent à pouvoir être déterminé exclusivement par lui.

Note. Les difficultés que présente cette acquisition sautent aux yeux. Si une chose doit être acquise, comment puis-je obtenir le droit d'en exclure tous les autres hommes, ceux-ci ayant reçu de la nature un droit égal à l'usage des choses? Il y a plus: s'agit-il d'acquérir même un droit sur les actions d'autrui, comment puis-je acquérir un droit de déterminer l'action d'un autre, celui-ci, en sa qualité d'être doué de raison, étant seul en droit de déterminer ses actions?

§. 64.

Elle ne peut s'effectuer par la simple déclaration de notre volonté.

La simple déclaration de notre intention de vouloir faire usage d'un objet, qu'elle se manifeste par des signes ou par des paroles, ne saurait priver les autres hommes du droit, d'user de cet objet comme ils le jugent à propos.

Note. Notre volonté n'est nullement une loi pour les autres, et agir contrairement à elle n'est pas injuste aussi longtemps du moins que nos droits innés ne sont pas blessés par là; d'où il suit que les autres hommes osent déterminer, même contrairement à notre volonté, tout ce qui peut l'être par eux sans que nos droits en souffrent.

§. 65.

L'acquisition ne peut donc consister qu'en un événement qui amène un ordre de choses dans lequel il est impossible aux hommes de déterminer un objet, et d'en faire usage, sans enfreindre en même temps notre droit inné.

§. 66.

Inviolabilité des droits acquis.

Tous les droits *légitimément* acquis sont aussi inviolables que les droits innés; car, *légitimément acquis*, ils ne peuvent être violés sans que les droits innés ne le soient pareillement.

Note. Cet axiome est riche en conséquences de la plus haute importance. Tout droit acquis est aussi sacré que le droit inné, et l'envahissement de la propriété est autant une lésion de la personne que l'est toute atteinte portée immédiatement à la personne.

§. 67.

Inégalité des droits acquis.

Entre plusieurs hommes les droits acquis peuvent être fort inégaux, c'est-à-dire, qu'un homme peut en avoir plus, et un autre moins, car les événemens, ou faits extérieurs par lesquels on acquiert, ainsi que les objets que l'on acquiert, en tant que physiques, ne sont point assujétis à la règle de l'égalité.

VIII.

De la propriété.

§. 68.

Définition.

La propriété est le droit de faire seul usage d'une chose, et d'en exclure tous les autres. La personne qui possède ce droit est appelé *propriétaire.*

§. 69.

Droits y contenus.

La propriété se compose donc: 1° du droit d'exclure tous les autres hommes de l'usage d'une chose.

Note. Ce qu'il importe d'expliquer dans la propriété est, non pas la possibilité de faire usage d'une chose, ou d'en disposer, mais bien au contraire celle d'interdire à d'autres cet usage, celle de les exclure de cette disposition. Cette interdiction et cette exclusion sont ici l'essentiel. En fait de propriété il faut donc examiner non-seulement comment nous acquérons un objet que nous ne possédions pas précédemment, mais aussi comment tous les autres hommes perdent relativement à cet objet leur droit naturel à l'usage des choses.

2° du droit d'usage, ou d'usufruit, c.-à-d. du droit d'user de la chose comme il me plaît.

Note. Dans le droit naturel il n'est absolument d'aucune utilité de distinguer le droit de disposition du droit d'usufruit, vu que le premier droit est compris dans l'autre. Mais dans le droit conventionnel cette distinction est importante, surtout pour expliquer la doctrine du droit sur les fruits.

§. 70.

Comment la propriété s'acquiert.

1° Par la prise de possession.

Quiconque prend possession d'une chose qui n'a point encore de maître en est propriétaire pendant tout le temps qu'il la possède. Car la liberté naturelle de l'homme de faire usage de toutes les choses lui donne incontestablement le droit de prendre possession d'une chose sans maître, mais dès-lors personne ne peut l'en déposséder. Aussi longtemps qu'il est possesseur de la chose, il a par conséquent le droit d'empêcher les autres de l'en déposséder, et par suite le droit de les exclure — droit qui constitue l'essence de la propriété.

§. 71.

Mais une propriété acquise de la sorte ne s'étend pas au-delà du temps de la possession. Car la prise de possession est le fondement, le titre légal, la cause de cette propriété. Lorsque cette cause cesse, l'effet doit cesser pareillement. La perte de la possession doit nécessairement aussi entraîner celle de la propriété. Le signe ou la marque de l'intention du premier possesseur, de persévérer à exclure les autres, peut aussi peu que sa volonté en général circonscrire notre activité.

§. 72.

2° Par la formation.

On peut appeler *formation* tout acte par lequel l'homme met une chose dans une telle situation, que quiconque voudrait user de cette chose ne le pourrait sans faire servir en même temps à ses fins, ou sans détruire l'effet de cet acte, c.-à-d. *la forme* donnée à la chose.

Note. Qu'un colon d'une île ait fait d'une buche de bois un siège, et d'une quantité d'argile un ustensile quelconque, un tiers ne pourrait plus faire usage de la buche ni de l'argile en question sans employer en même temps le siège et l'ustensile qui en ont été confectionnés, et sans anéantir même cette forme donnée à ces produits, en supposant, par exemple, qu'il voulut se servir de la buche pour entretenir son feu.

§. 73.

Par la formation on acquiert une propriété qui dure au-delà du temps de la possession. Car détruire l'effet de notre action n'est autre chose que nous empêcher d'avoir agi, et sous le point de vue moral, nous empêcher d'avoir agi, c'est véritablement nous empêcher d'agir, parce que les conditions du temps et de l'espace, qui sont en vigueur dans le monde physique, ne le sont point dans le monde moral. De même, employer pour soi l'effet de l'action d'un autre, c'est le forcer d'avoir agi pour nous, ce qui sous le rapport moral est encore la même chose que le contraindre d'agir pour nous. Dans les deux cas on attente à la liberté d'autrui, et l'on viole par conséquent la loi de la justice.

§. 74.

Concluons donc que personne n'est en droit de détruire ou d'employer pour soi l'effet de notre action sur les choses, ni par conséquent de se servir de ces choses aussi long-temps que la forme que nous leur avons donnée y est inhérente. La forme que nous avons donnée aux objets nous autorise par conséquent à exclure tous les autres de l'usage de ces objets, ou en d'autres termes, elle confère la propriété.

§. 75.

Le droit en lui-même sur la matière, autrement dit *le droit de faire usage des choses*, demeure donc à tous les hommes, mais personne ne peut le faire valoir aussi long-temps que la forme donnée à la chose y est encore inhérente; de même que pendant la possession d'une chose sans maître tous les hommes conservent à la vérité leur droit d'user de toutes les choses, mais ne sauraient l'exercer, par rapport à l'objet possédé, pendant le temps de cette possession.

§. 76.

3° Par l'accession.

L'accession **est un événement par lequel une chose arrive, sans un acte immédiat de l'acquéreur, dans une telle situation, qu'un autre, qui voudrait se servir de cette chose, ne le pourrait sans détruire, ou sans employer pour soi, l'effet d'une action quelconque de l'acquéreur sur d'autres choses.**

Note. Un animal qui se serait pris dans nos filets ou dans notre trappe est un exemple d'une pareille accession.

§. 77.

Par l'accession on acquiert pareillement une propriété qui dure au-delà du temps de la possession. Car, nous le répétons, il serait souverainement injuste de détruire, ou d'employer pour soi, de quelque manière que ce fut, contrairement à la volonté de l'acquéreur, l'effet de son action exercée sur une chose quelconque.

§. 78.

Comment s'acquiert la propriété de la terre.

La propriété de la terre, c.-à-d. de la superficie du sol, ne peut être acquise que comme toute propriété en général, par le travail, par conséquent en labourant, ensemencant et enclosant les prairies, en plantant la forêt etc.

Note. Voilà, je crois, la seule manière de résoudre toutes les difficultés que présente la question sur la possibilité morale, ou comme on s'expliquait anciennement, sur l'origine de la propriété. Quelques Professeurs de droit naturel semblent ne pas avoir senti que la propriété paraît être en opposition directe avec le droit général de tous les hommes à l'usage des choses. D'autres ont tranché le noeud. Il est évident que toute propriété n'est possible qu'au moyen *d'un pareil amalgame, d'une pareille véritable identification des choses avec notre droit inné.* Cela seul peut expliquer comment l'homme, qui vient nu au monde, peut entrer avec les choses qui l'environnent dans un tel rapport, qu'elles font pour ainsi dire partie de son être, et dans le fait par l'acquisition une partie de son être passe en quelque sorte aux choses, et s'identifie avec elles.

§. 79.

Garde ou détention.

L'état dans lequel quelqu'un a le pouvoir physique de faire usage d'une chose s'appelle *garde*, ou *détention*.

§. 80.

Possession.

Lorsque dans cet état on manifeste la volonté d'user en réalité de la chose, la garde, ou la détention s'appelle *possession*.

§. 81.

Possession civile et naturelle.

La possession est dite *civile* lorsque le possesseur est en même temps propriétaire, et *naturelle*, lorsqu'il n'a point l'intention de posséder à titre de propriétaire.

Note. Le droit romain, bien qu'il permît au propriétaire de révendiquer sa propriété contre tout possesseur de bonne foi, conféra néanmoins à ce dernier les droits de propriété envers toute autre personne; par cette raison même, *ex justo adfectu dominii*, il considéra le possesseur de bonne foi comme un possesseur civil, jusqu'à ce que le véritable propriétaire fit valoir la supériorité de son droit.

§. 82.

Comment s'acquiert la possession.

On acquiert la possession lorsque, dans l'intention de faire usage d'une chose, on se met en mesure de pouvoir en user; c'est ce qu'on appelle *la prise de possession*.

§. 83.

Possession de mauvaise foi.

La prise de possession est dite *de mauvaise foi*, et par conséquent vicie la possession, lorsque le possesseur entrevoit qu'il ne saurait posséder la chose sans porter atteinte à la propriété d'autrui.

§. 84.

Comme la bonne ou la mauvaise foi ne se fonde que sur la disposition de l'esprit du possesseur, il est évident qu'on ne saurait prononcer sur l'illégitimité de la possession qu'autant que des indices extérieurs prouvent invinciblement que le possesseur savait qu'il porte atteinte à la propriété d'autrui.

Note. Vu la différence des facultés humaines, il est de toute impossibilité d'établir une règle plus précise sur les marques auxquelles nous pouvons reconnaître la propriété d'autrui, ou les traces des actions d'autrui sur un objet quelconque; et d'ailleurs une pareille règle serait aussi tout-à-fait inutile.

§. 85.

Possession corporelle et mentale.

Lorsque quelqu'un laisse posséder sa propriété par un autre, ce dernier est dit avoir la *possession corporelle*. La possession dans laquelle demeure le propriétaire, et qu'il fait simplement exercer par un autre s'appelle *la possession mentale*.

§. 86.

Copropriété.

Plusieurs personnes peuvent avoir la propriété d'une seule et même chose. Ce cas peut entr'autres se présenter dans la copropriété, où plusieurs ont un droit égal d'exclure les autres de l'usage d'une chose, sans cependant s'exclure eux-mêmes relativement à une partie quelconque de cette propriété.

§. 87.

Cette copropriété s'acquiert ou bien par la volonté du premier propriétaire, ou lorsque la chose est unie aux droits innés de plusieurs personnes d'après les modes d'acquisition ci-dessus indiqués.

§. 88.

Comment s'éteint la propriété.

La propriété s'éteint par la cessation de sa possibilité physique ou morale.

§. 89.

a) *Par la mort du propriétaire.*

Par conséquent 1° *par la mort du propriétaire*, à moins qu'il n'y ait un copropriétaire auquel dès-lors la propriété échoit exclusivement, vu qu'elle est pareillement unie à ses droits innés.

§. 90.

Les testamens et les contrats d'héritage sont de droit conventionnel et non de droit naturel.

La loi naturelle ne reconnaît par conséquent aucun droit de disposer de sa propriété en cas de mort. Bien au contraire, après le décès du propriétaire, sa propriété rentre dans la catégorie des choses à l'usage desquelles les hommes ont un droit égal. La transgression des dispositions de dernière volonté du défunt, et l'appropriation de son délaissé par un tiers ne font tort ni au défunt, ni à l'héritier désigné par lui; point au défunt, parce qu'il ne possède plus de droits en ce monde, et qu'on ne saurait dire d'une personne décédée qu'on l'offense, ou qu'on la traite comme simple moyen; point à l'héritier, parce que la prise de possession du délaissé, effectuée par un tiers avant que l'héritier se soit approprié l'héritage, ne porte atteinte à aucun des droits innés de celui-ci, sur lesquels seuls se fonde l'acquisition de la propriété. Si par son appropriation du délaissé l'héritier a prévenu celle d'un tiers, il a fait pour son compte une acquisition légitime sans qu'il en soit redevable à la disposition de dernière volonté du défunt.

Il n'en est pas autrement dans le cas où l'héritier doit recueillir une succession en vertu d'un contrat d'héritage, et non pas en vertu d'une disposition unilatérale du défunt. Car comment un contrat, passé entre le défunt et l'héritier, pourrait-il empêcher un tiers d'exercer son droit à l'usage des choses, relativement à l'héritage rentré par la mort du propriétaire dans la catégorie des choses dites: *sans maître*, qui n'appartiennent à personne, et qu'il est par conséquent permis à tous les hommes de s'approprier? Comment concevoir que ce contrat puisse opérer un amalgame, une identification des objets de l'hoirie avec un droit inné de l'héritier désigné? Que répondrait celui-ci si le premier occupant lui disait: par mon action (la prise de possession) j'ai fait mienne la propriété du défunt. Qu'avez-vous fait de votre part? Vous avez proféré quelques mots; mais depuis quand vos mots sont-ils des lois pour les autres hommes?

Conclusions donc que l'unique succession ab intestat qui puisse exister dans le droit naturel est celle qui résulte de la consolidation de la copropriété.

§. 91.

b) *Par la renonciation du propriétaire.*

La propriété s'éteint 2° lorsque le propriétaire y renonce, ce qui peut avoir lieu ou par le délaissement de la chose (*derelictio*), ou par la cession, en vertu de laquelle le propriétaire permet à un tiers de s'approprier la chose.

§. 92.

c) *Par la cessation de la forme donnée à la chose.*

Elle s'éteint 3° lorsque le hasard dissout le lien qui attache la chose aux droits innés du propriétaire, en d'autres termes, lorsque la trace de l'action par laquelle l'homme s'est acquis la propriété de la chose disparaît entièrement, de manière que tout tiers quelconque peut de nouveau faire usage de la chose sans porter atteinte à notre droit inné.

Note. Pour mieux garantir la propriété, la législation écrite a restreint ce mode d'extinction, ainsi que plusieurs autres, et prolongé la durée de la propriété.

§. 93.

d) *Par la perte de la chose.*

La propriété s'éteint de plus, 4° lorsque toute possession de la chose cesse tellement que le recouvrement en devient impossible. Dès-lors la volonté du propriétaire de posséder la chose en propre est censée ne plus exister.

§. 94.

e) *Par l'appropriation de la part d'un tiers faite de bonne foi.*

La propriété s'éteint aussi 5° lorsque même sans la volonté du propriétaire, un autre, qui ne reconnut point à la chose la qualité de propriété d'autrui (*bona fide*), se l'approprie d'une manière légitime. Tout propriétaire par conséquent, qui a perdu la possession d'un objet qui lui appartenait, ne peut point le revendiquer contre le possesseur de bonne foi qui l'a acquis légitimément. Car le premier avait déjà fait la perte de cet objet, et il n'y a aucune raison pour laquelle la réparation de cette perte devrait tomber à la charge du second propriétaire. À la vérité, le possesseur de bonne foi prive un autre d'un droit, mais uniquement *par ignorance*, par conséquent point contrairement à une obligation juridique, tandis que le ci-devant propriétaire détruirait ou appliquerait à son profit *sciemment* l'acte d'acquisition du possesseur de bonne foi.

§. 95.

La prescription est de droit conventionnel, et non de droit naturel.

La prescription ne saurait donc être admise dans le droit naturel, où d'ailleurs elle serait tout-à-fait inutile. Mais l'État ayant une fois reconnu le droit de révendiquer la propriété contre tout possesseur quelconque, la nature se serait vengée de cette violation de sa loi par une incertitude totale de la propriété, si l'on n'eut introduit la prescription.

IX.

Des offenses ou lésions.

§. 96.

Définition.

On entend par *offense*, ou *lésion*, tout acte d'omission ou de commission, par lequel un être libre est employé comme simple moyen, ou violé dans ses droits, toute action par conséquent attentatoire à un droit inné ou acquis.

§. 97.

Offenses faites à dessein et par négligence.

Une pareille action peut être commise *à dessein*, c.-à-d. avec l'intention ou la résolution de consommer cet acte — ou par *négligence*, c.-à-d. sans préméditation, et seulement par défaut d'attention à ne pas porter atteinte aux droits d'autrui.

§. 98.

Droits qui résultent de toute offense.
a) *Droit de se défendre.*

L'offensé a 1° le droit de se défendre, c.-à-d. d'empêcher l'acte de l'offenseur. Car quoiqu'il ne soit pas permis d'empêcher l'action d'un être *raisonnable*, il n'est cependant point défendu d'empêcher celle d'un être *déraisonnable*. Or comme tel se présente l'offenseur, et par cela même il a perdu son inviolabilité.

Note 1. Tout homme est en droit de défendre aussi d'autres hommes et de voler à leur secours pour repousser d'injustes agressions. Car l'agresseur agissant comme un être privé de raison, et agissant contrairement à la raison, pourquoi d'autres respecteraient-ils en lui une dignité qu'il a démentie lui-même ?

Note 2. Une prévention des offenses, ou une violation des droits d'autrui pour détourner celle dont mes droits sont menacés, n'est permise que lorsque l'autre a manifesté son intention d'une manière indubitable.

§. 99.

b) *Droit de punir.*

L'offensé a 2° le droit de punir, c.-à-d. de violer par représailles les droits de l'offenseur, bien qu'un *devoir moral* lui enjoigne le pardon et la générosité; car l'offenseur a perdu l'inviolabilité, qui n'est que la prérogative des êtres raisonnables, et ne peut jamais être l'appanage de la déraison, ou de ce qui est contraire à la raison.

§. 100.

Ce droit de l'offensé est *illimité*, car aucune règle de *droit extérieur* ne peut être établie relativement au genre

et à la limite de la peine. La générosité, par conséquent un devoir moral, peut seule mettre des bornes au droit de punir appartenant à l'offensé.

Note 1. Le but du droit de punir est de garantir les droits par l'exemple. Dans le for extérieur, on ne saurait juger si, en exerçant ce droit, le punissant a, ou n'a pas, ce but en vue. Or l'exercice de ce droit sans ce but est appelé *vengeance*, d'où il suit que la vengeance, quoique très-condamnable dans le for de la conscience ou de la Morale, n'est cependant point illicite dans le droit naturel, et que par la loi naturelle l'homme a le droit de se venger.

Note 2. L'offenseur ne peut point trouver injuste que nous le traitions d'après ses propres principes. Il nous a offensé et il nous refuse de réparer son tort. Ne sommes-nous pas en droit de lui dire: „Vous avez par votre attentat même posé en principe qu'il est permis de violer les droits des autres. Hé bien, nous rétorquons ce principe contre vous.“ Oserait-il avoir le front de nous répondre qu'à lui seul appartient le droit d'offenser? Dans une traversée sur la mer du Sud nous rencontrons un canot rempli de sauvages qui sans la moindre raison nous blessent de leurs flèches, et s'éloignent ensuite rapidement. Serait-il injuste que nous leur envoyassions une bordée?

§. 101.

c) *Droit de réclamer indemnité.*

L'offensé a 3° le droit de réclamer indemnité, c.-à-d. de contraindre l'offenseur, même en violant ses droits, à lui céder de sa propriété ou à lui procurer par ses actions un équivalent proportionné à la valeur de ce dont il a été frustré. Car l'offense subsiste, et l'offensé par conséquent souffre en réalité contre sa volonté, aussi long-temps que la réparation du tort n'a point été faite. Réparer ce tort, c'est donc faire cesser l'offense, à quoi l'offenseur est obligé.

§. 102.

Sous le rapport de la réparation du dommage, le droit naturel n'admet absolument aucune différence entre des of-

fenses préméditées et des offenses faites par faute ou négligence. Quiconque porte atteinte à nos droits, soit qu'il le fasse à dessein, ou par négligence, est dans tous les cas, dès qu'il s'en aperçoit, tenu de faire cesser cette atteinte.

Note. Permis à la législation conventionnelle d'établir à cet égard des nuances fondées sur des raisons particulières, mais toujours ces nuances reconnaissent-elles le principe du droit naturel, de répondre même de la faute la plus légère. Car, en thèse générale, toutes les lois conventionnelles admettent pareillement que, hors le cas d'un contrat, chacun est responsable de toute faute quelconque. Ce n'est que dans le cas d'un contrat passé entre le contrevenant et le lésé qu'elles établissent des différences entre la faute grossière, la faute médiocre, et la faute légère, et qu'elles statuent, relativement à quelques contrats, tantôt que l'on est responsable d'une faute légère, tantôt qu'on ne l'est point d'une faute médiocre.

§. 103.

Personne autre que l'offensé lui-même ne peut arbitrer la réparation du dommage; car lui seul est en état de juger du rapport dans lequel se trouvent ses besoins avec ce qu'il a perdu par l'offense et avec la restitution du dommage qui doit lui être faite. Excepté lui, personne ne peut donc apprécier au juste la valeur extérieure du préjudice qu'il éprouve par suite de l'offense.

§. 104.

Quiconque refuse la réparation du tort qu'il a fait, perd l'inviolabilité, c.-à-d. la dignité dont jouit au dehors l'homme en sa qualité d'être raisonnable. Car il transgresse une obligation juridique; cet acte pouvant être apprécié extérieurement, viole par cela même un devoir qui n'admet aucune exception. Chacun par conséquent est à même de se convaincre et de juger que cet acte est contraire à la raison. Or la loi de la justice défend à la vérité de léser un être raisonnable, mais elle n'accorde pas cette inviolabilité à l'être déraisonnable, ou qui agit contrairement à la raison.

§. 105.

Toute offense ou lésion cesse par la réparation du tort faite conformément à la volonté de l'offensé. Car la réparation du tort a été faite telle qu'elle a été voulue par l'offensé; celui-ci n'est donc plus déterminé contre sa volonté, ni lésé dans ses droits. À l'extérieur tout est de nouveau conforme à la loi de la justice, et le tort ou l'offense a cessé.

§. 106.

Violation de droits par négligence.

Les atteintes portées aux droits d'autrui par négligence, ou par défaut d'attention, ne destituent point en elles-mêmes leur auteur de sa dignité d'homme. Mais si après leur consommation il les approuve, ne serait-ce que par le refus de réparer son tort, il agit mal au même degré que celui qui offense à dessein, et dès-lors il existe la même raison de ne point reconnaître sa dignité d'homme. Car jusqu'ici son action n'est qu'illégitime, mais toute manifestation de son approbation la rend moralement mauvaise et condamnable.

§. 107.

Violation de droits par nécessité.

Lorsque dans un cas de pressante nécessité quelqu'un viole les droits d'autrui dans la croyance qu'il n'a point d'autre ressource pour sauver sa dignité d'homme et ses droits innés, il n'agit point mal aussi long-temps qu'il peut présumer que pour les sauver, l'autre en aurait spontanément usé de même, par conséquent 1° lorsque pour sauver un de ses droits essentiels à la conservation de sa dignité d'homme il viole un droit d'autrui moins essentiel à l'humanité, 2° lorsqu'une réparation du dommage, à laquelle il reste obligé, est possible.

Note. Quiconque se trouve en danger de périr dans l'eau peut pour se sauver percer le treillage de son voisin. Ce serait outrager ce voisin que de douter qu'il voulût sacrifier sa propriété pour sauver la vie d'un homme. Mais lorsque dans un naufrage deux individus se trouvent sur une planche trop légère pour les porter tous les deux, aucun n'a le droit, pour se sauver, de précipiter l'autre dans la mer, ce qui résulte déjà évidemment de cela seul que cet autre n'a nullement l'obligation de se laisser pousser en bas

---

X.

Des Contrats.

§. 108.

Promesse.

La promesse est une émission de notre volonté, par laquelle nous déclarons vouloir exécuter pour le compte d'un autre un acte qui lui procure un avantage, ou qui, en d'autres termes, attache à son droit inné un objet utile.

§. 109.

Objet de toute promesse, donner, faire, tolérer, s'abstenir.

L'acte promis peut consister

a) dans la tradition d'une chose que nous devons *donner*, c.-à-d. attacher à un droit d'autrui;

b) dans tout autre acte que nous devons faire, que nous devons tolérer, ou dont nous devons nous abstenir.

§. 110.

Acceptation de la promesse.

L'acceptation d'une promesse est la déclaration de notre volonté par laquelle nous consentons à laisser effectuer pour notre compte l'acte promis.

Note. On a toujours confondu l'acceptation d'une *promesse* avec l'acceptation d'une *chose*. Cette dernière s'effectue par la prise de possession jointe à la volonté de posséder la chose en propre (*occupatio*), l'autre est une simple émission de notre volonté. De cette confusion d'idées est provenue l'erreur de croire, qu'à l'instar de l'acceptation d'une chose, l'acceptation de la promesse attache directement et immédiatement quelque chose à notre droit inné. Il en résulta que dans le droit naturel on posa gratuitement la force obligatoire des contrats, et qu'au lieu de montrer avant toutes choses comment l'acceptation de la promesse transporte l'objet promis dans la sphère de nos droits, on adopta, sans autre preuve, le principe que par l'acceptation la promesse devient mienne. Et l'illusion fut d'autant plus facile que la Morale et le droit conventionnel la favorisèrent. Pour éviter de tomber dans une semblable erreur, pénétrons-nous bien de la différence entre accepter une promesse et accepter une chose. S'il arrivait que par là le droit naturel perdît quelque chose de ses anciens axiomes, la possession de ses autres principes ne lui en sera que mieux garantie.

§. 111.

Contrat.

La promesse, d'une part, jointe à l'acceptation tout-à-fait conforme, d'autre part, est ce qu'on appelle *contrat*.

§. 112.

Consentement.

La conformité des déclarations du promettant et de l'acceptant s'appelle *consentement*.

§. 113.

Contrat en termes exprès.

L'émission de la volonté s'effectue-t-elle par des mots ou d'autres signes positifs, le contrat est dit: *contrat en termes exprès.*

§. 114.

Contrat tacite.

Au contraire le contrat est appelé *tacite* lorsque le consentement ne peut être que conclu de l'absence d'une opposition formée à l'action d'autrui.

§. 115.

Nature des signes employés dans les contrats.

Pour que le contrat soit effectif, les signes (§. 113.) doivent être non-équivoques.

§. 116.

Contrats unilatéraux et bilatéraux.

En retour de l'objet promis l'acceptant peut de son côté faire une promesse, et le promettant accepter celle-ci. Les contrats peuvent par conséquent être ou unilatéraux ou bilatéraux.

§. 117.

Force obligatoire juridique des contrats.

Le contrat attache-t-il directement et immédiatement l'objet promis au droit inné d'une personne, il confère à l'acceptant des droits juridiques, et impose au promettant des devoirs de même nature.

§. 118.

Mais cette union, cet amalgame, cette identification directe et immédiate de la chose promise avec le droit inné

est uniquement opéré par la consommation effective de l'acte promis, car avant lui il n'exista aucun acte qui produisît cet effet.

Note. L'acceptation d'une promesse me donne-t-elle un droit juridique? et par quoi? comment par cette acceptation un objet quelconque peut-il devenir mien? serait-ce peut-être par l'émission de ma volonté? mais l'émission de ma volonté ne peut imposer des lois à personne. Ou l'acceptation obtiendrait-elle plus de force et de validité par la promesse de l'autre partie contractante? Peut-être parce que le promettant a fait abandon de la chose? Effectue-t-il réellement cet abandon par l'émission de sa volonté? Et que serait-ce s'il se retractait? c.-à-d. s'il changeait de volonté? Où se trouve la loi extérieure et juridique qui me défend de changer ma volonté une fois déclarée? On ne saurait découvrir absolument aucune raison d'admettre que par la violation de la promesse de la part du promettant l'acceptant fut traité comme simple moyen et non pas comme fin en lui-même. Sans doute qu'en adoptant dans le droit naturel absolu un droit inné à la véracité, on pose gratuitement, on établit par subreption la force obligatoire des contrats. Mais ce droit à la véracité même n'a souvent jamais été démontré, et dans la plupart des ouvrages sur le droit naturel on parle beaucoup de la force obligatoire et de la validité des contrats, mais on n'en donne jamais une déduction.

§. 119.

En conséquence les contrats obtiennent pleine et entière force obligatoire dès que dans un contrat unilatéral l'acte convenu a été réellement effectué, ou que dans un contrat bilatéral les deux actes mutuellement stipulés ont été exécutés.

Car ce qui a été promis, a-t-il été effectué par un acte, sans aucun rapport avec une chose, il est *physiquement* impossible d'annuler le contrat, vu qu'un acte fait ne peut pas être rendu non avenu; il a force de chose jugée et ne saurait plus être sujet à répétition ou redhibition. Au con-

traire, une chose a-t-elle été donnée par le contrat, le promettant a-t-il cédé en réalité cette chose, et l'acceptant l'a-t-il attachée à son droit inné par l'appropriation (*occupatio*), c.-à-d. par la prise de possession jointe à la volonté de garder la chose à titre de propriété, il est *moralement* impossible de revenir sur le contrat.

§. 120.

De plus, lorsque dans un contrat bilatéral l'acte stipulé a été effectué par l'une des parties contractantes, l'autre partie a l'obligation juridique d'exécuter l'acte de retour auquel elle s'est engagée.

Car la volonté de celui qui le premier a rempli le contrat n'était que conditionnelle. La condition (l'acte de retour) cessant, la volonté de faire l'acte promis cesse pareillement. Par la violation de sa promesse de retour celui qui accepte l'acte stipulé met le promettant dans le cas d'avoir agi et donné contre sa propre volonté, il transgresse par conséquent son obligation juridique, et par conséquent la loi de la justice.

§. 121.

Mais le contrat n'a-t-il stipulé que des actes à venir, ou futurs, et aucun n'a-t-il été effectué en raison du contrat, il demeure libre aux deux parties de se dédire, même contrairement à la volonté de l'autre. Car l'objet de l'acte n'a pas encore été uni au droit inné de l'autre partie contractante, ce droit ne peut par conséquent recevoir aucune atteinte par le défaut d'exécution de l'acte stipulé.

Note. Cette doctrine n'est nullement dangereuse, vu que c'est aux parties contractantes à rendre le contrat obligatoire par l'exécution de l'acte convenu, et que la loi de la Morale, qui ordonne de tenir sa promesse, demeure toujours immuable et éternelle.

§. 122.

L'une des parties contractantes n'est tenue de dédommager l'autre que dans le seul cas, où, par son dédit, elle porterait atteinte au droit inné de celle-ci. Car celle des parties contractantes qui éprouve un préjudice de cette nature était pleinement fondée à se fier à la parole de l'autre, et à faire avec confiance certaines dispositions relatives à l'exécution du contrat. Or elle a été évidemment déterminée contre sa volonté à agir ou à céder sa propriété, elle a été traitée comme simple moyen, ce qui est souverainement injuste, du moment qu'en raison du défaut d'exécution du contrat de la part de l'autre partie, elle a fait les susdites dispositions en vain, ou qu'elle s'est constituée en frais inutilement. Et il est fort indifférent que l'on viole directement, ou indirectement les trois droits innés d'autrui, ou la propriété qui se fonde sur eux.

Note. Dans leur législation, les Romains demeurèrent entièrement fidèles au droit naturel. Au commencement, à ce qu'il paraît, les contrats dits *réels* (*contractus reales*), c.-à-d. ceux en raison desquels un acte avait été effectué, furent seuls obligatoires chez ce peuple. Dans la suite, les relations que la société civile fait naître le forcèrent à sanctionner les contrats dits *consensuales*, parmi lesquels le contrat de vente et d'achat se distingue de l'antique contrat de permutation, non pas tant par le numéraire (objet fort accidentel qui dans le droit naturel peut être mis sur la même ligne avec toute autre chose échangée) que principalement par la circonstance, que le contrat de permutation ne produit des droits et obligations qu'à dater de la consommation de l'acte stipulé faite par l'un des permutans, tandis que le contrat de vente et d'achat produit cet effet dès l'émission des volontés respectives. Plus tard on inventa des formules pour rendre pareillement obligatoires toutes les autres espèces de contrats, et finalement l'État reconnut pour valides, même sans ces formules, certains genres de contrats appelés par cela même *pacta vestita*. — Au contraire le droit germanique exigea que tout homme tînt scrupuleusement sa parole.

§. 123.

Capacité personnelle de contracter.

Quiconque est en état d'aministrer ses droits peut s'obliger par contrat.

§. 124.

Les contrats de personnes incapables ne sont point obligatoires, c.-à-d. que l'acte fait en raison du contrat est sujet à répétition.

§. 125.

Violence.

La violence, c.-à-d. toute violation d'un droit juridique, par laquelle on a été contraint à un acte, autorise la personne contrainte à violer à son tour les droits de son agresseur, par conséquent non-seulement à reprendre l'objet de l'acte effectué, mais aussi à réclamer indemnité.

§. 126.

Fraude.

Un acte a-t-il été obtenu par fraude, il n'existe point de véritable consentement de la personne trompée; bien au contraire, elle a été déterminée contre sa volonté, par conséquent employée comme moyen, et par cela même elle peut faire valoir contre l'acceptant tous les droits de l'offensé.

§. 127.

Crainte.

Est-on déterminé à un acte par la crainte, c.-à-d. par la menace d'une future violation de droits, le cas est ou bien celui de la violence ou celui de la fraude, et dès-lors la personne menacée a tous les droits de l'offensé.

Note. La crainte détermine la volonté par des maux futurs, la violence, par des maux présens. La violence absolue, ou celle qui sans déterminer la volonté d'autrui, force irrésistiblement, ne diffère point, quant à ses effets juridiques, de la violence qui contraint préalablement la volonté à se déterminer. Car dans les deux cas la violence détermine la volonté d'un homme que la raison seule doit déterminer, elle emploie par conséquent comme simple moyen un être raisonnable.

§. 128.

Invalidité d'une promesse de retour.

Un acte de retour promis, mais pas encore effectué, peut aussi pour cause d'incapacité (§. 124.), de violence (§. 125.), de fraude (§. 126.), ou de crainte (§. 127.), être déclaré nul. Mais celui qui s'est engagé à l'acte de retour, pour peu que d'ailleurs un de ses droits n'ait pas déjà essuyé une atteinte qui l'autorisât à la punition et à l'indemnité, est obligé de restituer, si cela est possible, le service reçu, ou sa valeur. Dans ce dernier cas il restitue la valeur que l'acte a pour lui, et non pas celle qu'il a pour l'autre partie contractante qui a agi injustement. C'est à cette dernière à supporter les suites de son injustice, la partie non coupable ne saurait être lésée dans son droit.

§. 129.

Tout contrat à la passation duquel l'offensé contraint son agresseur par la violence, la crainte ou la fraude (lesquelles, quelqu' injustes qu'elles soient d'ailleurs d'après les lois de la Morale, dans ce cas-ci ne pèchent cependant point contre la loi de la justice) est obligatoire.

§. 130.

Erreur.

Un contrat a-t-il été passé par erreur, la personne qui se trompe doit supporter sa perte, l'autre est à considérer dans le for extérieur comme un possesseur de bonne foi.

§. 131.

Ignorance.

Quiconque a accepté insciemment un acte quelconque d'autrui est obligé à redhibition, et tenu de restituer la valeur que cet acte avait pour lui (§. 128.), parce qu'autrement l'auteur de cet acte serait lésé dans un de ses droits, et que par la redhibition ou la restitution de la valeur aucun droit de celui qui a accepté l'acte n'est violé.

§. 132.

Impossibilité physique.

L'objet de l'acte promis ou de celui de retour est-il *physiquement* impossible, le contrat n'a point force obligatoire, à moins que l'une ou l'autre des parties contractantes n'ait tenu l'objet pour possible, dans lequel cas il y a erreur (§. 130.).

§. 133.

Impossibilité morale.

Mais l'acte promis, ou celui de retour est-il moralement impossible (p. e. la promesse de se suicider), le contrat est dès l'origine tout-à-fait nul.

DU DROIT DE SOCIÉTÉ.

XI.

Des sociétés en général.

§. 134.

Contrat de société.

Par le contrat de société plusieurs personnes promettent de concourir réciproquement à remplir un but commun.

§. 135.

Ce contrat peut être passé ou en termes exprès, ou tacitement.

§. 136.

L'offenseur peut être contraint par l'offensé à passer avec lui un contrat de société (§. 129.).

§. 137.

Sa force obligatoire.

Le contrat de société a-t-il d'ailleurs toutes les conditions requises pour la validité d'un contrat en général, des actes de la part d'un seul sociétaire, ou des dispositions faites en conséquence des stipulations par une partie des associés, suffisent pour le rendre obligatoire.

§. 138.

Volonté générale.

1° Par rapport au but de la société.

Relativement au but de la société les membres ont tous une volonté générale; et c'est en raison de cette unité objective de leur volonté que dans leurs relations extérieures avec d'autres hommes, ils peuvent être considérés comme une *personne morale*, capable de droits et d'obligations.

Note. Il est difficile de concevoir comment on ait pu traiter de chimère la volonté générale dans l'État, à laquelle Rousseau le premier rendit attentif. L'unique but de l'État est la sûreté de tous nos droits juridiques. Ce but, tous les régnicoles ne le veulent-ils pas en réalité? Pareillement le but de toute autre société quelconque est voulu par tous les membres. Dans toute société il faut donc distinguer une double volonté générale, savoir, celle qui se rapporte au but de la société, et celle qui se rapporte aux moyens de l'atteindre. Mais remarquez attentivement que la volonté générale n'est autre chose que l'unanimité absolue.

§. 139.

2° Par rapport aux moyens d'atteindre le but de la société.

À l'instar du but de la société, les moyens de l'atteindre et de le garantir doivent aussi être choisis à l'unanimité de tous les membres; un seul associé s'oppose-t-il à un moyen employé par les autres, ce moyen n'est pas obligatoire pour lui, car quoique tous se soient réunis pour un seul et même but, les contraindre de concourir à l'atteindre par des moyens autres que ceux qu'ils ont voulus serait pourtant souverainement injuste.

§. 140.

Contrat de sujétion.

Il suit de là que *l'obligation* de tous les membres de concourir d'une manière uniforme et par des moyens égaux, à remplir le but de la société ne peut être établie que par un nouveau contrat (*contrat de sujétion*), en vertu duquel les sociétaires délèguent à quelqu'un le droit de choisir à leur place les moyens d'atteindre ce but; — contrat qui peut pareillement être passé en termes exprès ou tacitement.

§. 141.

Pouvoir souverain, administration ou gouvernement de la société.

Ce droit délégué à un autre de choisir les moyens propres à remplir le but de la société, cette volonté générale déférée à quelqu'un relativement au choix de ces moyens, s'appelle le *pouvoir souverain*, et l'exercice de ce droit, *l'administration*, ou le *gouvernement de la société.*

Note. C'est aux dispositions du contrat de sujétion à décider si le chef de la société doit exercer le pouvoir souverain (qu'il ne faut pas confondre avec le pouvoir exécutif) ou seul, ou conjointement avec des réprésentans de la société.

§. 142.

Chef de la société.

Celui auquel le pouvoir souverain est délégué est chef de la société, que ce soit la pluralité des voix de tous les associés, ou une personne permanente, morale ou physique.

§. 143.

Double personnalité mystique établie par le contrat de sujétion.

Dans l'intérieur de la société le contrat de sujétion établit par conséquent une double personnalité mystique, savoir: 1° *l'administration* exercée par le chef, 2° la *sujétion* inhérente aux autres sociétaires.

§. 144.

Limites du pouvoir souverain.

Les limites naturelles de la souveraineté sont fixées par la notion même du pouvoir souverain, de laquelle il résulte: 1° que le chef ne peut point changer le but de la société, 2° ni exercer son pouvoir pour des fins étrangères à ce but.

§. 145.

Compatibilité de la liberté avec la sujétion.

La liberté individuelle peut très-bien subsister avec la sujétion sociale. Car comme tous les membres veulent le but de la société, et que le choix des moyens de l'atteindre a été délégué au chef conformément à leur volonté, personne n'est déterminé par ce choix contre son gré.

§. 146.

Droits de la souveraineté.

Le pouvoir souverain de la société est à considérer comme une personne morale (§. 138. 141.). Ainsi que toute volonté raisonnable, il a par conséquent certains droits que l'on appelle *droits collégiaux.*

§. 147.

Double espèce de ces droits.

Ceux de ces droits qui appartiennent à la société entière, en sa qualité de personne morale, relativement à d'autres personnes hors d'elle, s'appellent *Jura collegialia transeuntia*, et ceux dont jouissent à l'intérieur, l'une relativement à l'autre, les deux personnes morales que forment l'administration et la sujétion, *Jura collegialia immanentia.*

§. 148.

Les deux espèces de droits ou bien découlent de la notion même de la société, on les appelle alors *droits essentiels*, ou ne sont acquises par la société que dans de certaines relations; ces droits prennent dès-lors la qualification de *droits casuels.*

§. 149.

Des sociétés illicites.

Une société dont le but pèche contre un droit extérieur ne jouit d'aucun droit ni au dehors, ni à l'intérieur.

§. 150.

Le but de la société viole-t-il tout autre droit qu'un droit juridique, elle serait sans doute fondée à se maintenir au dehors, parce que personne n'ose porter atteinte aux droits juridiques d'autrui, pas même de celui qui transgresse des devoirs purement moraux. Mais les membres entr'eux ne seraient point liés par le contrat, et la société n'aurait aucun droit à leur égard, l'objet de ce contrat étant mora le ment impossible.

XII.

Droit extérieur de société.

§. 151.

Droits extérieurs de la société.

Au dehors, et par rapport à ceux qui ne sont point ses membres, la société, comme elle a une volonté générale, et qu'elle représente une personne morale, jouit de tous les droits de l'individu.

§. 152.

Qui les exerce.

Mais ces droits qui se manifestent hors de la société ne peuvent être exercés que par le pouvoir souverain, parce qu'ils ne se rapportent qu'aux moyens d'atteindre, de faciliter, de garantir le but de la société.

§. 153.

1° Droit sur son existence.

En conséquence la société a un droit d'exister comme telle (§. 151.). La troubler dans son existence serait empêcher les actions des membres individuels, par conséquent souverainement injuste.

§. 154.

2° Droit sur ses actions.

Du droit sur son existence découle celui sur ses actions, ou le droit d'agir dans l'intérêt du but de la société.

§. 155.

3° Droit de faire usage des choses et d'en acquérir la propriété.

D'où il suit que les sociétés peuvent aussi, comme telles, faire usage des choses dites: *sans maître*, et qu'elles sont même fondées à en acquérir la propriété.

§. 156.

4° Droits en cas d'offenses.

Par rapport à ceux qui violent ses droits, c.-à-d. qui l'empêchent injustement d'atteindre son but, elle a comme l'individu, le droit de punir l'offenseur et de réclamer de lui indemnité, parce que toute violation des droits de la société est une atteinte portée à ceux de tous les membres individuels.

§. 157.

5° Droit de contracter avec autrui.

Enfin la société peut aussi contracter avec d'autres hommes et d'autres sociétés, et former avec celles-ci une société mixte.

§. 158.

Collision des sociétés.

Des sociétés s'excluent-elles l'une l'autre, c.-à-d. un seul et même individu est-il dans l'impuissance de concourir à atteindre les fins des deux sociétés, le membre de l'une ne saurait être en même temps membre de l'autre.

§. 159.

Des collisions naissent-elles entre des sociétés qui ne s'excluent point réciproquement, celui qui est à la fois membre des deux sociétés doit se décider suivant la nécessité plus ou moins grande dont est pour la dignité morale de l'humanité l'une ou l'autre société.

Note. On ne tirera sans doute point de ce cas de collision, ni de tout autre, des preuves contre la définition que nous avons donnée plus haut des droits et devoirs juridiques. Car des collisions ne peuvent jamais naître entre les droits et devoirs juridiques eux-mêmes, mais bien entre les relations où ils doivent recevoir leur application, et où il devient douteux *comment et par quel moyen* le droit doit être maintenu. La loi morale non plus ne peut jamais se contredire elle-même, mais une semblable contradiction peut se manifester parmi les actions auxquelles elle doit être appliquée (comme en Jurisprudence parmi les relations individuelles de droit).

XIII.

Droit intérieur de société.

§. 160.

Droits et devoirs intérieurs de l'administration.

À l'intérieur de la société, la personne morale représentée par l'administration a le devoir non-seulement de ne point empêcher le but de la société, mais même de mettre tous ses soins à l'atteindre.

§. 161.

Au contraire ses droits, et les devoirs des sociétaires envers l'administration, sont déterminés par le but du contrat de sujétion.

§. 162.

Puissance inspective.

L'administration a 1° *la puissance inspective*, ou le droit de s'enquérir de tout ce qui a rapport au but de la société.

§. 163.

Puissance législative.

Elle a 2° *la puissance législative*, ou le droit de choisir exclusivement les moyens qui conduisent au but de la société.

§. 164.

Lois.

Dans leur sens le plus étendu, les lois sont les déterminations des moyens qui conduisent au but de la société.

Note. Le pouvoir législatif emporte incontestablement le droit d'accorder des privilèges. Mais ce droit n'est exercé légitimement que lorsque dans l'occurrence particulière la loi générale n'atteindrait pas le but.

§. 165.

Législation de police.

Le pouvoir législatif comprend donc d'abord le droit de déterminer les actions des sociétaires en général; c'est ce qu'on peut appeler *législation de police.* Car chaque membre s'est engagé à seconder tout moyen qui conduit au but de la société, et par conséquent à concourir par ses actions, d'après les instructions du chef, à remplir ce but.

§. 166.

Législation financière.

Le pouvoir législatif comprend de plus le droit de déterminer ce que chaque membre doit céder de sa propriété pour atteindre le but de la société. C'est le *droit financier*, ou le droit d'établir les impôts.

Car, encore une fois, chaque sociétaire s'est engagé à seconder tout moyen propre à atteindre le but de la société, et par conséquent aussi à concourir à cette fin en donnant ou en cédant quelque chose de sa propriété, conformément aux instructions du chef.

§. 167.

Législation judiciaire.

Enfin le pouvoir législatif comprend aussi la faculté de fixer les droits et devoirs des membres dans leurs relations privées (c.-à-d. dans celles qui ne touchent pas immédiatement le but de la société, qui n'y influent que médiatement). Car ces droits et devoirs se rapportent ou bien à des actions, ou à la propriété. C'est ce qu'on pourrait appeler la législation concernant la justice.

§. 168.

Puissance exécutive.

L'administration exerce 3° la puissance exécutive qui dérive naturellement du pouvoir législatif. C'est dans les occurrences particulières le droit du chef de régler tout conformément à la loi de la société.

§. 169.

Droits qui y sont compris.

En thèse générale le pouvoir exécutif comprend donc, en partie le droit de ranger des cas individuels sous la loi, en partie celui de mettre à exécution ce que la loi décide.

§. 170.

En particulier, suivant les fins de la société et les circonstances où elle se trouve, le pouvoir exécutif peut comprendre encore divers autres droits, qui se rapportent ou bien à la puissance législative intégralement, ou seulement à ses branches individuelles.

§. 171.

Ceux qui se rattachent à l'exécution de la totalité des dispositions du pouvoir législatif sont: 1° le droit des offices, ou le droit de conférer à quelqu'un certains actes, ou certaines branches du pouvoir souverain; 2° le droit de surveillance suprême exercée sur les Employés de la société; 3° le droit d'investigation dans les occurrences particulières, ou le droit d'exiger des membres la communication de tout ce qui est nécessaire pour ranger sous la loi un cas donné, droit qui découle du pouvoir inspectif, inséparable de la puissance exécutive et législative; 4° le droit de donner des ordres conformément aux dispositions des lois; 5° le droit d'employer la force contre ceux qui refusent d'obéir à la loi etc.

§. 172.

Aux divers droits du pouvoir exécutif qui ne se rapportent qu'à certaines branches du pouvoir législatif appartiennent le pouvoir judiciaire qui met à exécution la législation proprement dite, le droit de perception ou de prélèvement, qui met à exécution le droit financier, et la police, qui met à exécution les lois de la police.

§. 173.

Droit de punir.

À l'égard de ses membres la société a un droit de punir aussi illimité que celui qui appartient aux individus, et à la société elle-même envers ses ennemis. Car le sociétaire qui en empêchant le but de l'association, et en violant la loi qui sert de moyen à ce but, transgresse le contrat social, rompt le lien qui l'attachait à la société, devient son ennemi, et autorise celle-ci à le traiter comme tel.

Note. Le pouvoir législatif en statuant d'avance les peines, ajoute par cela même à ses branches la législation criminelle, et à la puissance exécutive le pouvoir criminel. Au reste ce droit de punir appartient proprement aux droits extérieurs de la société, *juribus collegialibus transeuntibus.*

§. 174.

Indépendamment de ces droits essentiels de l'administration il peut en exister beaucoup d'autres purement casuels.

§. 175.

Droits acquis de la société.

Pour que la société acquiere à l'extérieur un droit, il faut que des relations légitimes s'établissent entre elle et d'autres personnes, soit par l'acquisition d'une propriété, soit par des contrats, soit par des offenses.

§. 176.

Pour qu'elle acquiere à l'intérieur un droit, il suffit d'une disposition du pouvoir législatif.

§. 177.

Enfin il peut exister pour la société un droit de nécessité comme pour l'individu.

§. 178.

Nous terminerons ce chapitre en faisant observer que toute société n'a que des devoirs *juridiques* et point de devoirs *moraux*. Car le devoir purement moral n'est rempli que dans la pensée, dans l'intérieur de l'âme, et non pas, comme l'obligation juridique, au dehors et dans un acte extérieur. Or on ne saurait attribuer à une société des sentimens, des pensées, telles qu'on les attribue à l'individu: il ne saurait donc jamais être question chez elle d'un devoir moral. D'ailleurs toute société est incapable d'administrer elle-même ses droits; par cette raison même elle se choisit un chef et elle crée un pouvoir. Elle se trouve donc dans l'état de minorité. Même une société de Socrates serait mineure, précisément parce qu'elle a besoin d'une administration de ses droits sociaux et d'un tuteur dans la personne de son chef. Or comment ce tuteur, ce chef, pourrait-il exercer et remplir un devoir moral au nom de son mineur, la société?

RÉCAPITULATION

du droit naturel pur, ou les dix commandemens du droit naturel.

Le résultat du droit naturel pur peut être présenté sous la forme de dix commandemens que nous énoncerons ainsi qu'il suit :

I.

Tu ne détermineras pas ton prochain contrairement à sa volonté raisonnable.

II.

Tu ne léseras et ne constitueras pas en perte la personne de ton prochain.

III.

Tu ne le détermineras pas à agir contrairement à sa volonté raisonnable.

IV.

Tu n'empêcheras pas les actions de ton prochain contrairement à sa volonté raisonnable.

V.

Tu ne l'empêcheras pas de faire usage des choses qui sont sans maître.

VI.

Tu n'emploieras aucune chose par l'usage de laquelle tu détruirais l'effet de l'action de ton prochain.

VII.

Tu n'useras d'aucune chose par l'usage de laquelle tu emploierais à ton profit l'effet de l'action de ton prochain.

VIII.

Tu ne refuseras pas à ton prochain la réparation du tort que tu lui as fait.

IX.

Tu ne lui refuseras pas ce que tu lui as promis en retour de ce que tu as obtenu de sa part.

X.

Tu ne fausseras point ta promesse par laquelle tu as déterminé ton prochain à agir, ou à s'abstenir d'agir.

Ces commandemens renfermant les devoirs de l'humanité énoncent par cela même *les droits de l'homme.*

DROIT NATUREL APPLIQUÉ,

OU

APPLICATION DU DROIT NATUREL PUR

À L'ÉTAT, À L'ÉGLISE ET AU MARIAGE.

I.

DROIT PUBLIC GÉNÉRAL.

DROIT PUBLIC GÉNÉRAL.

I.

Associations pour la sûreté des droits.

§. 179.

Dangers qui menacent les droits de l'homme.

Une multitude de dangers qui proviennent, en partie, des fléaux de la nature, en partie, et bien plus de la malveillance de nos semblables, menace ici-bas les droits de l'homme, et par conséquent sa liberté.

§. 180.

Obligation de s'en garantir.

Non-seulement un instinct naturel nous pousse, mais aussi le devoir nous oblige à chercher des moyens de nous garantir de ces dangers. Car la loi de la justice ordonne la réalisation de la liberté des hommes et la levée de tous les obstacles qui s'y opposent. Or la sûreté de nos droits est la liberté elle-même, et la liberté n'est autre chose que la sûreté, ou l'inviolabilité de nos droits.

§. 181.

Moyens de s'en garantir.

L'expérience prouve que l'association avec d'autres hommes est le moyen le plus efficace de nous garantir des dangers qui menacent nos droits.

§. 182.

Une pareille association, si son objet n'est point de réparer un dommage reçu (*societas assecuratoria*), mais qu'elle ait pour but de réunir ses forces pour se garantir de dangers imminens, peut être appelée une société de sûreté (*societas defensoria*).

§. 183.

Contrats sur lesquels se fondent les sociétés pour la sûreté des droits.

Une pareille association supposerait une double convention :

1° celle des associés de s'abstenir les uns les autres, d'attenter à leurs droits, ce qui sans doute est déjà généralement commandé par la loi naturelle ;

2° celle des associés de réunir leurs forces pour repousser autant qu'il est en eux, toute agression injuste dirigée contre l'un ou l'autre membre de la société, ou pour détourner tout autre danger quelconque.

§. 184.

Mais la société ne pourra protéger aucun de ses membres contre les justes et légitimes réclamations d'un étranger, ou d'un coassocié. Car si elle le faisait, elle protégerait l'injustice, et perdrait par cela même sa validité morale et sa force juridique.

§. 185.

D'un autre côté, la société n'aurait non plus aucune obligation de protéger, à la charge d'un de ses membres, les réclamations des étrangers, quelque justes et légitimes qu'elles fussent d'ailleurs, bien qu'elle puisse incontestablement être en droit de le faire.

§. 186.

De quelle manière ces contrats se concluent.

Des mots, ou de simples paroles, ne fondent ni la force obligatoire, ni même l'existence d'aucun contrat. Ce qui rend les contrats obligatoires est la circonstance que celui qui se fiant à la parole d'un autre a exécuté un acte en faveur de celui-ci, ou a agi en général pour son compte, serait, contrairement à sa volonté, par conséquent injustement, déterminé à agir, *si* ce dernier violait sa promesse. De même par des actes et services utiles, par des dispositions et arrangemens, les uns et les autres faits en conséquence de la confiance que le pacte social inspire à ses membres, ce pacte devient obligatoire et est même conclu de fait sans l'intervention de mots ou de paroles. Un danger se manifeste-t-il, on accourt sans s'être concerté, on s'entr'aide mutuellement et itérativement, on en contracte peu à peu l'obligation réciproque, et la société de sûreté s'est formée de fait, sans que peut-être les membres mêmes s'en aperçoivent.

Voir les §. 119. et suivans.

§. 187.

Différentes espèces de sociétés de sûreté.

Les sociétés de sûreté peuvent différer entr'elles non-seulement par les diverses manières dont elles organisent leur pouvoir souverain, mais aussi par maintes déterminations accessoires qui modifient leur nature.

§. 188.

En conséquence quelques sociétés, telles que les caravanes, peuvent être établies pour un certain temps seulement (*societas defensoria temporaria*), d'autres peuvent l'être à perpétuité (*societas defensoria perpetua*).

§. 189.

Quelques unes, telles que les associations pour l'entretien des digues, peuvent être formées pour garantir de dangers d'une certaine espèce, ou seulement pour la sûreté de quelques droits (*societas defensoria minus plena*). D'autres peuvent l'être pour garantir de tout danger quelconque tous les droits sans distinction (*societas defensoria plena*).

§. 190.

Enfin dans quelques unes le pacte social peut être l'unique rapport général qui subsiste parmi les membres (*societas defensoria pura*); — dans d'autres il peut exister entr'eux, indépendamment de ce rapport, d'autres relations générales (*societas defensoria mixta*).

II.

Des associations politiques.

§. 191.

Définition.

Toute association qui s'établit pour un *temps illimité* dans la vue de garantir *tous les droits* sans exception, peut être appelée une *association* politique (*societas politica*).

Note. Pour éviter les équivoques je me sers de la dénomination *d'association politique* préférablement à celle *d'association ou de société civile.*

§. 192.

Quand et comment elles se forment.

Aucune association politique ne peut se former parmi des hommes qui vivent dans l'état le plus sauvage de la pure nature, errans çà et là ou comme simples chasseurs, ou comme pêcheurs, ou pas même encore comme tels.

Car à peine chacun d'entr'eux possède-t-il en propre plus que son nud droit d'humanité. Privé ainsi de toute propriété, l'individu ne dispose guère d'un moyen de sûreté plus commode que la fuite, à laquelle il est toujours prêt à recourir pour sauver son existence.

Entre de pareils individus les besoins physiques seuls unissent momentanément l'époux à l'épouse, la mère à l'enfant, mais la nécessité de se procurer les subsistances, jointe à l'impossibilité de pourvoir pendant long-temps à l'entretien commun, rompt ces liens naturels avec d'autant plus de facilité que l'assouvissement des plaisirs grossiers des sens engendre promptement le dégoût et par suite la haine et l'aversion. Comment donc une société d'un intérêt moins puissant que les associations politiques pourrait-elle subsister parmi de pareils hommes d'une humeur sauvage et fougueuse?

§. 193.

Mais les progrès de la civilisation rapprochent-ils l'homme de l'humanité, acquiert-il, et par suite, apprend-il à connaître la propriété, commence-t-il, relativement à elle, à ressentir la nécessité d'une garantie ou protection qu'il n'avait pas besoin de rechercher pour ses uniques droits innés, alors seulement des associations politiques peuvent et doivent se former.

Note. Les §. 68—95 prouvent suffisamment que la propriété peut subsister sans société et sans la reconnaissance d'autrui. Robinson défendit légitimément la sienne contre les sauvages qui voulurent la lui ravir. — La société peut étendre davantage les droits de propriété en en augmentant les modes d'acquisition et en en circonscrivant les modes d'extinction. Mais qu'elle crée et introduit la propriété est d'autant plus faux que la société tout au contraire ne date son origine que de la propriété.

§. 194.

Importance des associations politiques.

Ces associations politiques l'emportent ici-bas sur toutes les autres relations de l'homme.

Car, d'abord, elles sont la condition de rigueur de tout acheminement de l'homme à l'humanité, et, de plus, sans elles, vu l'incertitude générale de nos droits et de notre liberté, nous ne pourrions point exister (au dehors) comme des êtres moraux (§. 179. 180.).

Note 1. L'humanité est la faculté de sacrifier aux plaisirs purs des sens, — plaisirs, dont en ce monde nous ne sommes que susceptibles — les jouissances plus grossières que nous avons de commun avec les animaux. Ce n'est là sans doute qu'un échange de plaisirs sensuels pour des plaisirs sensuels. Mais une fois capables de faire à la sensualité d'un ordre plus relevé le sacrifice de la sensualité grossière et animale, nous sommes dès-lors plus facilement en état d'assujétir à la loi la sensualité entière. C'est là ce qui constitue la culture de l'homme. La culture n'a donc point une valeur absolue, elle n'a de prix d'une importance majeure que par son rapport avec la moralité, à laquelle elle sert pour ainsi dire d'exercice préliminaire.

Note 2. Chose étrange! Le chasseur ne connaît point les associations politiques. Le pâtre les commence. L'agriculteur les perfectionne. C'est ainsi que l'association la plus sacrée en ce monde, et même notre civilisation, marchent de pair avec notre — *subsistance.*

III.

Hordes ou nomades.

§. 195.

Définition.

Dans la vie pastorale les hommes acquierent-ils une propriété permanente, le besoin de secours mutuels qu'ils ressentent dans cette acquisition, établissant une plus grande union dans les familles, par cela même fait-il éclore l'amour moral entre époux, ainsi qu'entre parens et enfans; et dans cet état de choses, un nouveau rapport, savoir, celui du maître et du valet, prend-il naissance, dès-lors les hommes se rassemblent peu à peu en *hordes*, c.-à-d. en sociétés formées pour un temps illimité dans la vue de garantir tous les droits qui peuvent subsister même sans la propriété foncière.

§. 196.

Leur double manière de s'organiser.

Ces hordes peuvent s'organiser d'une double manière, ou *monocratiquement*, ou *pantocratiquement*.

§. 197.

1° *Hordes monocratiques.*

Elles se constituent 1° en *sociétés monocratiques*, lorsqu'un père de famille avec ses enfans et ses valets se croit assez puissant pour se défendre contre les animaux sauvages et les hommes qui leur ressemblent. (*Horde de famille, societas politica nomadum domestica.*)

§. 198.

Dans une semblable horde le pacte de garantie réciproque n'est point l'unique lien général des membres, il n'y est que purement accidentel, et doit le céder au lien primitif et par cela même plus intime qui les unit comme membres de famille.

§. 199.

Naturellement, le père de famille pourvoyant à l'entretien de son épouse, de ses enfans, et de ses valets, et étant propriétaire primitif et principal du patrimoine qu'il s'agit de défendre, sera dépositaire du pouvoir souverain.

Note 1. Quant à la notion du pouvoir souverain, voir le droit de société.

Note 2. C'est bien à tort que l'on donne le nom de *société* au rapport entre parens et enfans. Dans ce rapport on n'aperçoit rien de ce qui caractérise une société, entr'-autres aucun but commun (vu que le père veut élever son fils, et que celui-ci s'en défend), aucune application commune des forces, faite dans l'intérêt de ce but, aucun choix commun, aucune délégation des moyens de l'atteindre.

Note 3. Il est à propos de faire observer que dans l'association en question il ne s'agit point proprement de la garantie des droits innés, mais bien et principalement de celle des droits acquis.

Note 4. Le rapport entre maître et valet (et non pas l'inhumaine relation du propriétaire et de l'esclave) est un des plus respectables qui puisse subsister parmi des hommes de moeurs non corrompues. Historiquement parlant, on ne saurait dériver la domesticité de l'injuste oppression. Car sans même nous arrêter à cette réflexion que le goût de la domination n'a guère pu prendre naissance avant que l'on n'ait vu dominer, il est évident que l'usage des peuples nomades d'errer çà et là dans les déserts aurait assurément pu offrir à l'opprimé de fréquentes occasions de se soustraire par la fuite à son joug, et d'emporter avec lui (et cela de plein droit) une partie des bestiaux de son oppresseur. Car l'homme n'est capable d'être captivé par la superstition même que lorsque la civilisation a fait quelques progrès, c.-à-d. dans le siècle de la barbarie. Si dans la suite, par la raison peut-être, que la plus grande commodité de son entretien lui convint plus que l'état de disette dans lequel il vécut précédemment comme chasseur, l'opprimé demeura dans la condition de domesticité qu'il aurait été primitivement contraint d'embrasser, sa soumission dès-lors se fondait sur un contrat. Loin d'avoir été un joug et un effet de l'oppression, la domesticité ou bien fut la dernière ressource de l'infortuné, qui, soit par des calamités naturelles, soit par sa faute, avait perdu ses bestiaux, ou fut le premier degré par lequel de la rusticité la plus grossière le chasseur sauvage s'éleva à l'humanité.

Mais, dira-t-on, pourquoi ces hommes n'eurent-ils pas l'esprit de s'approprier eux-mêmes des bestiaux, plutôt que de s'engager à soigner ceux d'autrui? Indubitablement parce qu'il est plus facile de concevoir l'idée de l'appropriation que de la réaliser, et parce que le passage de la vie de chasseur à la vie pastorale fut pour le moins tout aussi difficile que l'est de nos jours la transition de la pauvreté à la richesse. — Au reste il n'est pas inutile de faire observer que le maître qui dépasse les limites de ses droits est responsable envers le valet de la même manière que l'est l'offenseur envers l'offensé.

§. 200.

2° *Hordes pantocratiques.*

Une horde se constitue 2° en *société pantocratique* par l'association de plusieurs pâtres libres. — (*Hordes hénotiques, societas politica nomadum henotica.*)

§. 201.

Indépendamment du pacte de garantie réciproque, il ne subsiste parmi les membres de cette société aucune autre relation générale.

Note. Mais avec les progrès de la civilisation ils peuvent en même temps se constituer en une société de religion.

§. 202.

La horde *pantocratique* peut par conséquent disposer en toute liberté de son pouvoir souverain.

§. 203.

Les assistances mutuellement prêtées unissent les pâtres les uns aux autres, de telle sorte qu'aucun ne peut, de son autorité privée, et sans le consentement des autres, abandonner la horde. Car toute assistance prêtée emporte la condition de la réciprocité, et chaque membre de la horde ne se met en mesure, et ne fait des dispositions ou des arrangemens quelconques dans l'intérêt du but de l'association que dans la confiance en la fidélité des autres associés.

§. 204.

Les hordes de famille finissent par devenir des hordes *pantocratiques*, lors même que le pouvoir souverain reste constamment dans les mains d'un seul. Car après la mort du père, les fils, supposé qu'ils ne renoncassent pas à l'association, deviennent des pâtres libres et indépendans, et la horde, s'ils la continuent, est par conséquent *pantocratique*.

Mais avec le temps le maître, s'il veut conserver la horde tant pour lui que pour ses descendans, est tenu de payer aussi un salaire à ses valets, indépendamment de l'entretien qu'il doit leur fournir. Dans ce premier âge de l'humanité ce salaire ne peut consister qu'en bestiaux. En conséquence, quelqu'obligé qu'il puisse être d'ailleurs de faire encore pour le compte du maître des travaux que celui-ci ne pourrait point exiger en vertu de sa seule puissance souveraine, le valet, du moment qu'il est lui-même propriétaire, doit être considéré, sous un rapport, comme valet, et sous un autre, comme membre de l'association, comme pâtre réuni à la horde *pantocratique*, et qui se soumet volontiers, au pouvoir souverain de son maître.

Note. Comparez le 1ier livre de Moyse 29. v. 15. et 30.

§. 205.

Avoir ou propriété de la horde.

Excepté les forces personnelles de chaque membre de la horde, toutes les autres ressources dont elle est en droit de disposer pour se procurer la sûreté peuvent être appelées *son avoir*, *son patrimoine*, *son pécule*, *sa propriété*.

§. 206.

Cette propriété, cet avoir de la horde ne peut se composer principalement que de ses bestiaux, et de ce qui reste du bénéfice qu'ils rendent, déduction faite de l'entretien des hommes, ensuite de tout ce que la horde peut recueillir de la terre en produits du sol non-cultivé. Mais ce dernier article ne sera pas d'une grande importance, vu que tout ce qu'il est possible de recevoir sans beaucoup de peine des mains de la nature ne peut guère être d'un grand prix extérieur.

§. 207.

Valets de la horde.

Les valets non-possesseurs de bestiaux ne peuvent point être considérés comme participans à l'association de hordes. Car ils ne sont responsables qu'envers leur maître, et non pas envers la horde; ils doivent, même contrairement à leur volonté, le suivre partout avec la horde du moins aussi longtemps que dure leur temps de service. Ils n'ont donc pas un même intérêt à la sûreté publique, et n'offrent par conséquent point la même garantie de leur fidélité.

§. 208.

Mais en revanche ils ne sont obligés immédiatement à rien envers la horde.

Note. Ce n'est que lorsqu'il s'agit de sauver leur vie qu'ils se défendront eux-mêmes conjointement avec les autres membres, de même que dans une société pour l'entretien des digues, celui pareillement qui n'a point de possession fixe portera des pierres et du sable lorsqu'il y a lieu de craindre la rupture d'une digue qui exposerait la vie de chacun.

§. 209.

Toutefois ces valets non-possesseurs de bestiaux sont fondés à exiger que les membres de la horde même non-seulement s'abstiennent de toute violation de leurs droits, mais aussi qu'ils les protégent contre d'injustes agressions.

Car sans la garantie de leurs droits ces personnes en domesticité ne pourraient pas s'acquitter de leurs devoirs envers leurs maîtres. Leurs contrats avec leurs maîtres, et ceux des maîtres avec les coassociés emportent que les valets doivent pareillement jouir de la protection de leurs droits.

IV.

Société civile, ou État.

§. 210.

Nature propre de l'État.

La horde est en état de protéger tous les droits dont jouissent des *pâtres*, mais non pas ceux que *l'homme* peut avoir. Car comme la terre non-cultivée ne nourrit pas long-temps les troupeaux, les pâtres sont obligés de chercher sans cesse de nouveaux pâturages. Cette nécessité d'errer perpétuellement d'un endroit à l'autre est la cause de l'impossibilité où se trouve la horde de protéger celui des droits de l'homme qui est le plus important pour la civilisation — je veux dire *le droit de propriété foncière.*

Note 1. Il y a plus; les pâtres ignorent tout-à-fait ce droit, ils ne le connaissent point alors même que des agriculteurs les environneraient de toutes parts et les resserreraient dans un certain espace. Car que la propriété de la terre ne s'acquère légitimement que par la culture et le travail, que ce ne soit point par des pactes sociaux, mais bien par les travaux qu'exige la culture du sol, que ce soit en arrosant une prairie, en labourant un champ, en l'entourant de palissades que la propriété de la terre peut être acquise par l'homme, voilà, je pense, une vérité, qui de nos jours devrait enfin être généralement reconnue.

Note 2. Un peuple de pâtres, ou une nation nomade, ne saurait donc avoir la moindre idée d'un territoire. Et en effet comment une propriété collective pourrait-elle être conçue là où la propriété individuelle n'est pas connue? Rien de plus étrange que de vouloir attribuer à un peuple nomade un droit sur un territoire, et déduire ce droit de la puissance qu'a ce peuple de défendre ce territoire contre chacun. Si Kant a raison de dire qu'un pays appartient à un peuple aussi loin qu'il peut le défendre, il est de toute impossibilité d'être l'arbitre de deux peuples; il faut dès-lors qu'ils se fassent la guerre, afin qu'on puisse décider lequel des deux est en état de défendre un pays.

§. 211.

L'État, ou l'association politique d'hommes agriculteurs, se distingue donc de la horde principalement en ce qu'il est seul en état de protéger tous les droits acquis de l'homme.

Note. Il n'est pas nécessaire de faire observer qu'on entend ici par agriculture toute culture du sol, telle que clôture d'un champ etc. par laquelle on en acquiert la propriété.

§. 212.

Mais autant le pouvoir de l'État est illimité quant aux droits qu'il peut protéger, autant il est circonscrit sous le rapport de l'espace dans lequel il exerce cette protection. Car il ne peut garantir les droits que dans l'enceinte des biens-fonds que les membres ont acquis par le travail et la culture, acquisition en vertu de laquelle chaque coassocié est pour ainsi dire attaché à la glèbe dont se compose sa propriété.

§. 213.

Mais l'association politique ou bien 1° peut avoir déjà existé précédemment parmi les membres de l'État, soit comme horde monocratique, soit comme horde pantocratique, 2° ou elle ne se forme parmi les colons qu'après l'introduction de l'agriculture, soit comme un État monocratique, soit comme un État pantocratique.

§. 214.

Ainsi que dans la horde de famille, ainsi que dans toute société pour la sûreté des droits, soit mixte, soit monocratique, de même dans l'État institué par des familles, le pouvoir souverain se trouvera dès l'origine dans les mains du père de famille, tandis que dans l'État pantocratique les membres pourront disposer en toute liberté de ce pouvoir.

§. 215.

Mais ainsi que les hordes finissent toutes par devenir pantocratiques, bien qu'elles demeurent monocratiques (§. 204.), de même des familles qui se constituent en un État se rapprochent finalement des sociétés pantocratiques lorsque les fils d'un père se partagent son champ, ou que le maître salarie ses valets en leur concédant l'usufruit d'un champ, ou une propriété quelconque.

§. 216.

Avoir ou propriété de l'État.

Antérieurement à toute civilisation, et avant que le luxe ait provoqué le commerce et les arts, l'avoir ou la propriété de l'État ne se composera évidemment que de l'ensemble des produits de la nature (ou à proprement parler, de ce qui en reste, déduction faite de l'entretien de tous les hommes dans l'État), car on n'y connaît point encore d'autre propriété.

§. 217.

Définition de l'État.

L'État (*civitas*) est par conséquent une association d'agriculteurs, formée pour un temps illimité, dans le but de protéger dans l'enceinte d'un certain district de pays, contre tout danger quelconque, tous les droits juridiques.

§. 218.

But de l'État.

La protection de tous les droits juridiques des membres, exercée dans les limites géographiques de l'État, est par conséquent le but de l'État, en qualité d'association politique.

Note. L'État ne saurait, du moins pas dans le Droit public, être considéré comme un institut destiné à former l'homme à la liberté; il doit au contraire garantir à chacun sa liberté.

§. 219.

Territoire.

Cette portion du globe dans les limites de laquelle l'État se charge de la garantie des droits s'appelle son *territoire.*

§. 220.

Le territoire n'est donc autre chose que l'ensemble des biens-fonds qui appartiennent aux membres individuels de l'État.

Note. De ces biens-fonds se détachent et se séparent dans la succession des temps le domaine public, *ager publicus*, et la route publique, *via publica.* En Allemagne les Princes et Souverains sont en raison de leurs Domaines (d'ordinaire leur propriété, et non pas celle de l'État), de puissans copropriétaires du territoire.

§. 221.

Citoyens et Sujets.

L'État, ainsi que toute société, se fondant originairement sur un double contrat, ses membres peuvent être appelés *Sujets*, sous le rapport du contrat de sujétion, et *citoyens*, sous le rapport du contrat de réunion.

§. 222.

Nation.

On entend par nation (*natio* et non pas *populus*), l'ensemble de tous les hommes d'un territoire ou pays.

§. 223.

Classes dont la nation se compose.

La nation se compose de deux classes fort différentes, savoir, de *propriétaires fonciers*, et de possesseurs de *la propriété mobiliaire.*

§. 224.

a) *Propriétaires fonciers.*

Les propriétaires fonciers sont les maîtres du territoire, qui n'est que l'agrégat ou l'ensemble de leurs biens-fonds.

§. 225.

b) *Membres sous protection.*

Les possesseurs de la propriété mobiliaire résident sur le territoire d'autrui, par conséquent en vertu d'un contrat particulier avec chaque propriétaire de terre. Par cette raison nous les comprendrons tous sous la dénomination de membres sous protection.

§. 226.

α) *libres.*

β) *non-libres.*

La civilisation et le luxe s'introduisent-ils réciproquement dans l'État, il peut dès-lors exister une double classe de membres sous protection, savoir, des membres libres qui subsistent du salaire de leurs services qu'ils rendent à tous les hommes sans distinction, ou des membres *non-libres*, qui ont voué leurs services à un seul homme.

Note 1. Ces trois classes d'habitans, savoir: 1) *les propriétaires fonciers*, 2) les membres sous protection libres (tiers-état), 3) et les membres sous protection non-libres, ou serfs, se rencontrent dans tout État quelconque. Mais presque toutes les constitutions des pays n'ont pas empêché que les descendans des propriétaires fonciers ne conservassent mainte prérogative de Seigneurs territoriaux alors même qu'ils avaient perdu leurs biens-fonds. De plus, soit pour de l'argent, soit en raison d'un mérite personnel, ces constitutions ont conféré à beaucoup de membres sous protection les droits attachés à la condition de Seigneur territorial. Ce furent là les *anoblis* chez nous, et les *civitate donati* chez les anciens. C'est ainsi qu'il y eut à Athènes trois classes d'habitans, savoir, 1) *πολῖται*, ou les citoyens proprement dits, c.-à-d. les propriétaires fonciers ou leurs descendans, 2) *μέτοικοι*, les membres *libres* sous protection, 3) *δοῦλοι*, les serfs ou les membres sous protection non-libres. C'est ainsi que Rome eut pareillement des 1) *cives*, ou citoyens proprement dits (comme à Athènes), 2) des *latini et dediditii liberi*, 3) des esclaves. Dans presque tous les États de l'Europe on rencontre de même 1) *la Noblesse* (comme à Rome et à Athènes les cives et les *πολῖται*, et dans la même proportion relativement au nombre des autres habitans que les cives à Rome vers la fin de la république). Aussi le terme allemand *Adel*, qui signifie *Noblesse*, vient-il incontestablement du vieux mot *Od*, qui désigne une possession en fonds de terre; de là le terme suédois *Odel* qui veut dire un possesseur de terre, 2) le Tiers-état, 3) les personnes en domesticité. Les anoblis, et la Noblesse qui ne possède plus de biens-fonds, nous font oublier que proprement l'Ordre de la Noblesse était et devrait être la classe des propriétaires fonciers. Autant nous pouvons voir cela clairement par l'histoire, autant, à en juger par les essais qui ont été faits jusqu'ici, il semble qu'il soit difficile de s'en convaincre. Même les défenseurs modernes de la Noblesse n'ont rien dit à ce sujet qui fut confirmé par l'histoire. Mais il me semble que tout ce que l'on peut dire contre la Noblesse héréditaire, on peut le dire pareillement contre la richesse héréditaire. Sans doute le rang ne devrait être que la récompense du mérite, mais la richesse aussi ne devrait être que la récompense du travail.

Note 2. Récemment on a voulu classer les hommes dans l'État suivant ce qu'ils vendent, et distinguer principalement ceux qui rendent un pur service (*operam praestare*) d'avec ceux qui vendent un objet de fabrication (*opus operatum vendere*). Mais relativement à l'importance dont ces deux classes de citoyens jouissent dans l'État, cette différence n'est absolument d'aucun effet. Et si on voulait la faire valoir dans la société on aurait à lutter contre des difficultés innombrables, et l'on donnerait prise à trop de dispositions arbitraires. Par exemple, un cordonnier qui vend une matière fabriquée (*opus operatum*), et un tailleur qui ne fait que rendre un pur service (*operam praestare*), peuvent-ils sous le rapport du droit public être considérés l'un l'autre différemment? Nulle part de telles nuances purement accidentelles ne peuvent mettre une différence essentielle parmi les hommes. Mais une distinction marquée serait-elle peut-être établie par l'indépendance, vu que celui qui ne fait que rendre un pur service ne peut point subsister par lui-même? Non sans doute, car celui qui vend une matière ouvrée ne peut aussi peu subsister sans les autres, que celui qui rend simplement un pur service. L'un et l'autre sont ruinés dès qu'il n'existe personne qui demande leurs services, ou qui achète l'objet fabriqué. Et, dans cette hypothèse, celui-là seul subsiste par lui-même, qui vit des produits naturels de son bien-fonds, en sorte que le propriétaire foncier jouit seul de l'indépendance.

Résumons les considérations qui précèdent en reconnaissant que la différence des classes de la société civile, ou l'origine des Ordres de l'État, a sa source uniquement dans la division du travail, et dans la différence des professions qui se forment d'elles-mêmes, ou par la nature des choses, et qui se séparent les unes des autres, que ces Ordres de l'État sont tellement englobés et enracinés dans la société qu'on ne saurait la concevoir sans eux, et que par conséquent la mesure la plus insensée fut celle par laquelle en France l'Assemblée constituante supprima cette différence des Ordres de l'État sous prétexte de vouloir rétablir l'égalité et la liberté.

V.

Du contrat social.

§. 227.

Sa nature.

Dans le Droit public le point essentiel est de résoudre le problème de savoir: sur quels fondemens juridiques repose l'État, ou en d'autres termes: sur quoi se fondent l'obligation juridique de chaque Sujet envers l'État et le droit de l'État envers le Sujet, ou le droit du Sujet envers l'État et l'obligation de l'État envers le Sujet? Tout fondement d'un droit et d'une obligation qui ne sont pas attachés immédiatement à la nature humaine ne peut consister qu'en un fait. On demande donc, quels sont les faits qui établissent entre l'État et ses membres des droits et des obligations juridiques ?

§. 228.

La société civile, ou l'État, se fonde sur des conventions comprises sous la dénomination de „*contrat social*“ et qui loin d'être de pures hypothèses, sont au contraire des faits certains, réels et incontestables, non pas, il est vrai, des faits du temps jadis, ou des contrats passés par nos pères, et dont nous aurions hérité les droits et les obligations, mais des faits qui se réalisent et se reproduisent à chaque battement de pouls, ou à chaque consommation de l'acte de la respiration, par mille et mille actes et offices réciproques, ou accomplissemens de devoirs mutuels des Sujets envers le Prince, et du Prince envers les Sujets. Tout habitant du territoire de l'État veut la garantie de ses droits, et la réclame à juste titre du Gouvernement. L'État, d'un autre côté, exige de chaque Sujet l'obéissance. Tout Sujet assurément se croira tenu à l'obéissance envers l'autorité souveraine, et aucun État ne méconnaîtra son obligation de protéger ses Sujets. En effet les deux parties remplissent l'une envers l'autre le devoir de la protection et celui de l'obéissance en reconnaissant que ces devoirs sont corrélatifs, et que l'un est la condition de l'autre. Or ces faits constituent précisément les élémens dont se compose le contrat social, qui de la sorte est conclu de fait entre le Prince et ses Sujets, non pas une fois pour toutes, mais tous les jours, par mille et mille actes réciproques, qui se reproduisent dans chaque moment de la vie.

Note. Nous apprendrons le mieux à connaître et à apprécier la nature du contrat social en nous rappelant ce qui s'est passé sous le règne du Roi d'Angleterre Édouard I.

Son clergé refusa de lui payer les impôts qui du consentement du Parlement devaient être acquittés par tous les Sujets du Roi. Les membres de l'ordre ecclésiastique eurent même la hardiesse de déclarer qu'ils n'étaient point Sujets du Roi, vu qu'ils n'avaient passé avec lui aucun contrat de soumission. Le Monarque les prit au mot, et leur répondit que puisqu'ils n'étaient pas leurs Sujets, il n'avait pas non plus l'obligation de les protéger, qu'il n'était tenu d'accorder sa protection qu'à ses Sujets, et que si les Ecclésiastiques se permettaient la moindre atteinte aux droits de ses Sujets, il se verrait obligé de les traiter comme ennemis de l'État. En conséquence il donna ordre à tous les tribunaux de Justice de ne recevoir aucune plainte d'un Ecclésiastique, mais de contraindre tout Ecclésiastique quelconque à faire droit aux réclamations élevées à sa charge. L'Archevêque de Londres même ayant été insulté et pillé en plein jour dans les rues de cette capitale, le Juge refusa de recevoir sa plainte, disant qu'il ne siégeait que pour protéger les Sujets du Roi, et que les Ecclésiastiques avaient déclaré ne vouloir point être compris dans cette catégorie. Au bout de quelques jours les membres du Clergé comprirent la théorie du contrat social et se reconnurent volontairement Sujets du Roi.

Concluons donc que le contrat par lequel les hommes se réunissent en société civile et se soumettent à un Souverain est évidemment un fait véritable, qui ne s'est point passé autrefois, mais qui continue toujours de se réaliser.

§. 229.

Élémens dont se compose le contrat social.

Il est sans doute très-utile de résoudre le pacte social en deux contrats, savoir, le contrat de réunion, et le contrat de sujétion, ou de soumission, — contrats qu'il est permis de concevoir comme se succédant l'un à l'autre dans le temps, ainsi que nous l'avons fait voir dans la section qui traite des sociétés, mais que l'on se garde bien de transporter cette succession dans la théorie, et de distinguer une association politique qui n'a passé qu'un simple contrat de réunion, d'avec une association qui a conclu en même temps un contrat de soumission, et de tirer ainsi des conséquences *réelles* d'une distinction purement *idéelle.*

§. 230.

On peut donc traiter l'un après l'autre le contrat de réunion et le contrat de soumission, et examiner séparément leur contenu très-hétérogène, mais il ne faut pas oublier que les deux contrats sont passés simultanément, que l'un est la condition de l'autre, et que par cela même ils ne forment ensemble qu'un seul et même pacte.

§. 231.

On peut pareillement supposer, à la bienséance de la théorie, qu'ils ont été conclus dans le temps passé, pourvu seulement qu'on ne perde pas de vue cette vérité pratique que la conclusion des deux contrats est réitérée dans chaque moment de la vie, et de manière à ce qu'ils ne forment ensemble qu'un seul et même contrat.

A.

Du contrat de réunion.

§. 232.

Définition.

Dans l'État, le contrat de réunion est la volonté générale que les droits de chaque individu, et de toute la société, soient garantis en commun, par la corporation entière, des dangers auxquels les exposent les calamités naturelles et la malveillance des hommes. C'est cette volonté générale même qui constitue le contrat de réunion.

§. 233.

Force obligatoire de ce contrat.

Ce contrat n'obtient sa force obligatoire ni par un acte en forme, ni par des paroles. Il n'est jamais conclu une fois pour toutes, mais il l'est perpétuellement et itérativement dans chaque moment de la vie, non pas par des mots, ni par des signes, mais par mille et mille actes et offices réciproques et conditionels sans cesse réitérés.

§. 234.

Effets de ce contrat.

a) *Pour les individus.*

Ce contrat 1° autorise chaque membre du corps social à réclamer le secours de ses concitoyens lorsqu'un danger quelconque menace ses droits juridiques.

Note. Que ce danger soit imminent ou éloigné, médiat ou immédiat, l'individu qui en est menacé a le droit de réclamer sécurité et tranquillité autant qu'il est à la portée des forces humaines de les lui procurer. Et ce n'est pas seulement contre l'injustice des hommes, c'est aussi contre les calamités naturelles, les incendies, les inondations, la peste, les animaux sauvages etc. qu'il peut implorer la protection des autres membres. Car le but de l'État consiste moins à réprimer l'injustice qu'à prévenir toute lésion des droits en général, soit qu'elle provienne d'un acte d'injustice, soit qu'elle soit l'effet d'une calamité.

§. 235.

Le contrat 2° impose à chaque membre l'obligation de prêter assistance lorsque des dangers menacent ses concitoyens. Ceux auxquels s'expose celui qui vole au secours d'autrui ne le dispensent point de cette obligation. Car l'aide à donner aux autres ne consiste souvent qu'à se charger en commun du péril, et là où tous affrontent le péril, là le péril est presque nul pour l'individu. D'ailleurs on n'est point dispensé de l'accomplissement d'un devoir par le danger qui y est attaché.

Note. Aucun État n'exige des Sujets l'obligation de mourir pour la patrie; il ne réclame que celle d'exécuter des actes qui mettent la vie en danger.

§. 236.

b) *Pour le corps social*
1° *Personnalité mystique.*

Par rapport à tout le corps social, le contrat de réunion établit 1° une personnalité mystique de l'État comme d'un tout collectif, ou en d'autres termes, il élève l'État au rang d'une personne morale capable de droits et d'obligations. Dès ce moment il existe des droits et des obligations de la société entière qui ne sont plus des droits et des obligations des membres.

§. 237.

2° *Droit de propriété suprême et éminente de l'État sur son territoire.*

Le contrat de réunion 2° crée le *territoire national,* sur lequel l'État acquiert le droit de propriété suprême et éminente; droit qui manifeste son effet dans le droit public et dans le droit des gens. Dans le droit public il est le droit de l'État d'empêcher qu'aucun propriétaire foncier ne sépare son bien-fonds du territoire national pour le réunir et l'assujétir au territoire d'un autre État; dans le droit des gens, il est le droit d'un État, envisagé dans ses relations avec l'étranger, d'exercer seul la souveraineté dans les limites de son territoire, et par conséquent de s'opposer à ce qu'aucun Gouvernement étranger ne s'attribue dans ce territoire des droits de souveraineté.

Note. Il est évident que cette propriété suprême et éminente de l'État sur son territoire découle du contrat de réunion. Car l'État ne peut être conçu sans territoire, et la réunion en corps d'État n'est autre chose que la réunion de fonds de terre en territoire. Voilà pourquoi le contrat social n'est pas à beaucoup près une réunion de personnes en corps de peuple, car il est libre à chaque individu de se séparer de cet État, et d'acquérir ailleurs le droit de cité ou de bourgeoisie; le principe de permanence et de perpétuité de l'État se trouve à proprement parler dans l'inaliénabilité juridique de son territoire.

À l'instar d'une hypothèque, d'un droit de banalité, la réunion en corps de peuple est une véritable charge foncière qui pèse sur tous les biens-fonds. Rien de plus étrange que les raisonnemens de quelques Publicistes qui ont avancé que l'État peut aussi être conçu sans territoire. Dans un territoire quelconque les membres sous protection, ou les possesseurs de la propriété mobiliaire, pourraient-ils instituer un État qui fût différent et indépendant de celui des propriétaires fonciers, et qui pût s'y maintenir?

§. 238.

Sur qui repose le contrat de réunion en corps d'État.

Des considérations qui précèdent découle une conséquence d'une importance majeure pour l'État, et qui est la clé de l'histoire et des constitutions intérieures de tous les États; c'est que l'État étant une réunion de fonds de terre en territoire, le contrat social ne subsiste proprement qu'entre les propriétaires fonciers. Car comme ceux-ci, pris ensemble, sont les propriétaires du territoire, leur convention peut seule réunir leurs biens-fonds en territoire, effet de toute réunion en corps d'État.

Note. Il résulte de là une règle importante pour l'histoire d'un État, savoir qu'on n'acquiert une connaissance exacte et parfaite du régime politique d'un pays que par celle de tous ses biens-fonds, de leurs droits et de leurs relations locales. L'histoire d'un État, pour être véritablement instructive, doit être celle des biens-fonds, de leurs prérogatives et de leurs rapports locaux.

§. 239.

Les membres sous protection, ou les possesseurs de la propriété mobiliaire, comme ils résident sur les fonds de

terre des propriétaires fonciers, par conséquent uniquement en vertu d'une convention passée avec eux, et que de plus ils sont les maîtres de choisir le lieu de leur domicile, peuvent tout aussi peu voter sur la question de savoir, au territoire de quel État le propriétaire foncier doit réunir son bien-fonds, que les locataires sont fondés à prescrire au propriétaire par quelle société d'assurance contre les incendies il doit faire garantir sa maison.

§. 240.

Mais une société de membres sous protection, ou de possesseurs de la propriété mobiliaire, acquiert-elle des biens-fonds en qualité de personne morale, elle doit, comme telle, être comptée au nombre des propriétaires fonciers, et dès-lors le contrat social repose en même temps sur elle.

Note. Des exemples de pareilles sociétés sont les villes et les chapitres de l'Allemagne.

§. 241.

Communes.

Une pareille personne morale qui n'est propriétaire en fonds de terre que comme société peut être appelée ici dans un sens éminent *commune*.

§. 242.

Peuple primitif.

L'ensemble de tous les propriétaires fonciers, qu'ils se composent de personnes physiques, ou de personnes morales, est ce qu'on appelle le *peuple primitif* ou *primordial* (*populus*).

B.

Du contrat de sujétion.

§. 243.

Nécessité d'une volonté générale par rapport aux moyens d'atteindre le but de l'État.

Dans l'État, comme dans toute société, il faut qu'il existe une volonté générale non-seulement par rapport au but, mais aussi par rapport aux moyens d'atteindre ce but. Ces moyens ne peuvent être choisis qu'à l'unanimité de tous les membres. Car quoique chaque membre se soit engagé à concourir au maintien de la sûreté générale, le contrat de réunion néanmoins ne prescrit à aucun associé les moyens à prendre dans l'intérêt de ce but, ni n'ordonne que chaque membre se soumette aux autres quant au choix arbitraire des moyens. En conséquence, quiconque entreprendrait de faire à cet égard la loi aux autres, les déterminerait contre leur gré, leur ferait tort. Or rien ne peut justifier une injustice quelconque, fut-elle même commise par la pluralité la plus décisive, ou même à l'unanimité de tous les autres membres.

§. 244.

L'expérience uniquement peut nous apprendre quels sont les moyens propres à atteindre le but de l'État; car les dangers qui menacent nos droits, et les moyens de se prémunir contr'eux se trouvent dans le monde physique. Comment donc la raison pourrait-elle statuer quelque chose *a priori* relativement à ces deux objets?

§. 245.

La justice des moyens à employer peut seule être jugée *a priori*.

§. 246.

Au contraire leur bonté ou leur aptitude, dont il s'agit uniquement dans le choix de ces moyens (car leur justice et leur légitimité s'entendent d'elles-mêmes), ne peut être appréciée que d'après l'expérience (*a posteriori*).

§. 247.

Or comme les hommes ne sauraient être *parfaitement* d'accord que sur ce qu'ils entrevoient *a priori*, qu'attendu la diversité prodigieuse de leur individualité personnelle et les diverses manières dont les objets agissent sur eux, une unanimité absolue relativement à des objets de l'expérience ne peut presque jamais être espérée de la part d'une réunion considérable d'hommes, il est bien rare qu'une identité parfaite d'opinions, quant aux moyens d'atteindre le but de l'État, puisse se rencontrer parmi les membres du corps social.

Note. Il va sans dire, et nous l'avons déjà dit, que les moyens justes et légitimes peuvent seuls entrer en considération dans la délibération sur le choix de ceux qui doivent être pris pour atteindre le but de l'État.

§. 248.

Comment donc un membre de l'État peut-il être légitimément déterminé à régler ses actions conformément aux mesures arrêtées dans l'intérêt de la sécurité publique non par lui, mais par ses concitoyens? Si l'on en excepte le cas rare, où pour punir son agresseur, l'offensé peut le contraindre à se laisser déterminer par lui, il n'est possible d'atteindre une pareille fin que par une nouvelle convention, par un nouveau contrat.

§. 249.

Ce qu'il faut entendre par le pacte ou le contrat de sujétion ou de soumission.

La convention par laquelle on détermine la manière dont les moyens d'atteindre le but de l'État doivent être choisis au nom de tous les membres du corps social est ce qu'on appelle le *pacte de sujétion*, ou le *contrat de soumission*. Ce pacte doit être considéré comme l'expression de la volonté générale qu'une certaine personne, soit physique, soit morale, choisisse au nom de tous, les moyens qui mènent au but de l'État.

Note 1. Rousseau commit une faute en oubliant de distinguer la volonté générale qui veut la fin, de la volonté générale qui veut les moyens.

Note 2. Ce contrat de sujétion est, tout comme celui de réunion, conclu pareillement chaque jour. Car qui ne réclame pas protection du Souverain sous lequel il vit? qui peut contester sérieusement qu'il lui doit obéissance? Aucun Sujet ne serait même en droit de soulever et d'examiner la question, si le Souverain est, ou non, parvenu au trône par voie légale? Car du moment qu'il réclame du Souverain protection, il est dès cet instant tenu de lui rendre obéissance. Or s'imposant ce devoir par la sollicitation et l'acceptation de la protection, comment pourrait-il jamais se demander, s'il est obligé d'obéir au Souverain?

La réunion en corps social rend cette sujétion indispensablement nécessaire dans l'État aussi bien que dans toute autre société qui veut garantir sa stabilité. Car il est clair qu'un parfait accord sur les moyens d'atteindre le but de l'État ne saurait jamais être espéré de la part de ses membres, il faut donc absolument déléguer à une personne quelconque le droit de choisir ces moyens au nom de tous. La convention même que le choix de ces moyens serait abandonné à la pluralité des voix emporte déjà évidemment une pareille délégation de ce droit.

§. 250.

Naturellement ce choix des moyens est délégué ou bien à une *personne physique*, ou à une *personne morale*, et

dans ce dernier cas la personne morale est ou bien une société *déterminée*, dont l'unanimité ou la pluralité doit décider en définitif, ou une personne morale *indéterminée*, savoir la pluralité des voix de tous les citoyens.

§. 251.

Souverain.

La personne physique ou morale (déterminée ou indéterminée) qui a été chargée de choisir au nom de tous les membres du corps social les moyens propres à atteindre le but de l'État, s'appelle le *Souverain.*

§. 252.

Souveraineté, Majesté, Pouvoir souverain.

Le droit délégué au Souverain de choisir les moyens d'atteindre le but de l'État, est ce que l'on nomme le *pouvoir souverain*, la *Majesté*, la *Souveraineté.*

Note. La plus étrange controverse est celle qui a longtemps agité les esprits sur la question de savoir, si la souveraineté réside dans le peuple ou dans le Prince? Il est évident que ceux qui soutiennent le principe de la souveraineté du peuple prennent le mot de souveraineté dans un sens tout-à-fait différent de celui qu'y attachent ceux qui prétendent que la souveraineté réside dans le Prince. Si la souveraineté doit être le *droit de déléguer le pouvoir souverain*, ce droit sans doute ne peut émaner que de la nation, mais il est fort étrange d'appeler un pareil droit *Souveraineté.* Car la délégation du pouvoir souverain de la part du peuple n'est autre chose que la *soumission*, ou *la sujétion* du peuple. On a, ce me semble, mal exprimé la question, et fait naître ainsi le malentendu sur lequel roule toute cette controverse. À proprement parler on ne voulait qu'agiter la question de savoir, si les peuples peuvent exercer envers leur Souverain même quelque acte d'autorité suprême, s'ils peuvent les prendre à partie, changer leurs décrêts, les dépouiller de leur droit de souveraineté etc. Nous aurons occasion de revenir sur ces questions.

§. 253.

Délégation du pouvoir souverain.

La délégation de la Majesté ou du pouvoir souverain ne peut originairement se faire que d'un commun accord de tous les citoyens de l'État. Car le contrat de réunion ne renferme aucune disposition qui prescrivit à un citoyen de se conformer aux décisions des autres membres de l'État relativement aux moyens d'atteindre le but du corps social, la sécurité publique. Ne peut-il s'accorder à cet égard avec ses concitoyens, le contrat de réunion entre lui et eux est dissous, et son bien-fonds par conséquent cesse d'appartenir à l'État.

Note. Cette dernière conséquence est ce qui facilitera la réunion en Corps d'État. Car le régnicole a à choisir entre deux maux, savoir: entre le grand mal de ne vivre dans aucun État, et entre le moindre mal de vivre sous un régime qu'il croit pouvoir proposer meilleur. Il se décidera donc spontanément pour cette dernière alternative. Prend-il le premier parti, personne sans doute n'ose l'en empêcher.

§. 254.

Indépendance absolue du Souverain.

Le Souverain est entièrement indépendant et hors de toute responsabilité. Car le pouvoir souverain lui ayant été délégué à l'unanimité de tous les membres de l'État, sa volonté a été mise à la place de celle de la nation; elle est véritablement la volonté générale de la nation, et par suite aussi indépendante que la nation elle-même.

Note. Cet axiome a été décrié comme étant un principe du despotisme. Et cependant il n'en est pas moins aussi évident que simple et naturel. Car du moment que le Souverain, quelqu'il soit, est responsable, il cesse d'être Souverain, et celui auquel il répond de ses actions est le véritable Souverain. Lorsqu'on introduisit les Éphores à Lacédémone pour décider entre le Roi, le Sénat et le peuple, que par conséquent le Roi, le Sénat et le peuple furent rendus responsables envers ces nouveaux magistrats, on ne tint plus aucun compte ni du Roi, ni du Sénat, ni du peuple, car les Éphores étaient en réalité le véritable souverain. De quelque manière que l'on organise la constitution d'un pays, il faut absolument que la dernière instance de la responsabilité se trouve quelque part. Vous voudriez que ce fut la nation qui décidât en dernier ressort, mais votre voeu est vide de sens, car qu'entendez-vous par la nation? vous voulez sans doute dire la pluralité des voix dans la nation? Vous n'avez donc en définitive d'autre constitution politique à proposer que la démocratie pure avec tous les inconvéniens, toutes les horreurs qu'elle entraîne lorsqu'elle est introduite dans une grande nation? D'ailleurs cette responsabilité envers la nation préviendrait-elle l'abus du pouvoir? Qu'arriverait-il si une faction fanatique et injuste gagnait la pluralité des voix? — Comment garantir que la pluralité des voix se décidera continûment, ou du moins pour la plupart du temps, ou souvent, en faveur de ce qui est conforme à la justice et à la raison? Comment prévenir les artifices que les factions mettent en oeuvre pour persuader les simples et attirer les malveillans? — Concluons donc que le pouvoir souverain est indépendant, soit qu'il réside dans un Monarque, ou dans un Sénat dirigeant, ou dans la pluralité des voix. La volonté du Souverain a été mise à la place de la volonté générale de tous les membres de la société, à la place de l'unanimité de tout le peuple, elle est par conséquent aussi indépendante que le serait tout le peuple même s'il existait en lui une unanimité absolue.

§. 255.

Compatibilité de la liberté de l'homme avec l'indépendance du Souverain.

Mais comment la liberté de l'homme, laquelle consiste précisément dans l'indépendance de toute détermination d'autrui, se laisse-t-elle concilier avec la soumission à la volonté indépendante du Souverain? Tout citoyen veut le but de l'État. Il n'a délégué que le choix des moyens. Mais aussi cette délégation émane de lui. Aussi long-temps par conséquent que le citoyen n'est déterminé par le Souverain que dans l'intérêt du but de l'État, il ne l'est point contre son gré, il demeure libre.

§. 256.

Le régnicole n'est donc assujéti à la volonté du Souverain que relativement au but de l'État.

§. 257.

Mais aussi il doit lui être dévoué en tout, aussi loin que le but de l'État peut s'étendre.

Note. Le Sujet ne juge-t-il point convenables les moyens choisis par l'État — et quel est l'homme qui ne croirait pas entendre cela, mieux que son Souverain? — cela ne préjudicie pas plus à la liberté du Sujet que le choix de moyens impropres, par conséquent une erreur, ne destitue le Souverain de son droit.

§. 258.

Tyrannie.

Un régnicole est-il déterminé par son Souverain pour des fins étrangères au but de l'État, cet abus du pouvoir souverain est ce qu'on appelle *tyrannie.*

§. 259.

Effets du pacte ou contrat de sujétion.

Le contrat de sujétion 1° crée dans l'État une double personnalité morale, savoir, celle de la *Majesté*, attachée au Souverain, et celle de la *Sujétion*, inhérente au Corps des citoyens de l'État.

Note. Les déclamations qui surabondèrent au temps de la révolution française en avaient tellement imposé aux hommes qu'on considéra le terme de „*Sujet*" comme ignominieux, et qu'on ne voulut porter que le nom de *citoyen;* mais il est évident que les individus dans l'État ne peuvent être appelés *citoyens* que par rapport au contrat de réunion, et qu'ils sont *Sujets* par rapport au contrat de soumission. Tout homme dans l'État, devant obéir au Souverain qui le protège, est Sujet par suite de ce devoir de l'obéissance.

§. 260.

2° Il impose au Souverain le devoir de veiller à la sûreté publique et individuelle. Ce devoir est la mesure de son droit. Son droit ne s'étend par conséquent pas au-delà de son devoir.

§. 261.

3° Il établit l'obligation de tout Sujet de rendre obéissance au Souverain. Cette obligation ne doit pas simplement être considérée comme un devoir à remplir envers le Souverain pour sa personne. Elle est au contraire un devoir que chaque Sujet est tenu d'accomplir envers tous ses concitoyens, envers la nation entière. On n'est pas simplement obligé d'obéir au Souverain pour avoir fait foi et hommage à sa personne, mais aussi parce qu'on s'est associé à la nation, et parce que le Prince représente la Majesté de toute la nation.

Note. Le Prince ressemble à un dépositaire commun à la garde de qui une société entière serait convenue de confier les espèces dont elle dispose, et lequel en retour se serait chargé de soigner, à l'instar d'une banque, les payemens que les sociétaires ont à faire les uns aux autres. Quiconque paye à ce dépositaire paye à tous les sociétaires, et non pas au dépositaire pour sa personne. Celui-ci demande et donne au nom de tous.

§. 262.

Il suit de là qu'une injustice essuyée de la part du Souverain ne dispense point le Sujet du devoir de l'obéissance. Car cette injustice est un acte purement personnel du Souverain, mais le droit du Prince d'exiger l'obéissance est général et non pas personnel. Aucun Sujet ne peut par conséquent par sa désobéissance faire ressentir à ses concitoyens l'injustice qu'il a essuyée de la part de son Souverain.

§. 263.

4° Par suite du contrat de sujétion, la défense commune des concitoyens, l'objet du contrat de réunion, cesse d'être un devoir direct et immédiat des individus, vu que ce devoir est remplacé par celui de l'obéissance envers le Souverain. Car le soin de pourvoir à cette défense a été délégué au Souverain. Accourir immédiatement au secours d'un concitoyen cesse donc d'être un devoir juridique, et n'est tout au plus encore qu'un devoir purement moral.

§. 264.

Et comme par la collision avec d'autres un devoir moral peut toujours être annulé, des devoirs d'un ordre supérieur peuvent dans l'État s'opposer même à l'exercice du devoir moral indiqué dans le §. précédent.

§. 265.

Force obligatoire du contrat de sujétion.

Comme tout contrat en général, le pacte de sujétion devient obligatoire par des actes et offices réciproques.

§. 266.

Par qui il est passé.

Dans l'origine, et à proprement parler, ce sont pareillement les propriétaires fonciers qui dans la généralité concluent le contrat de sujétion. Car, ainsi que le pacte social même, la Souveraineté affecte le territoire et repose, à l'instar d'une hypothèque, sur toutes les propriétés en fonds de terre. Il est libre à l'individu, s'il a sujet d'être mécontent du Souverain, ou de son gouvernement, de quitter pour sa personne le territoire, mais les biens-fonds restent à jamais attachés à l'État. Or les propriétaires fonciers, qui sont ceux qui se réunissent en Corps de peuple, peuvent seuls déléguer le droit de choisir les moyens d'atteindre le but de l'État. Il est de plus évident que de même que les loueurs sont en droit de faire la loi aux locataires, de même les propriétaires fonciers peuvent partout prescrire aux membres sous protection, aux possesseurs de la propriété mobiliaire, les conditions sous lesquelles ils veulent leur permettre de se fixer sur leurs biens-fonds, par conséquent aussi celle de se soumettre aux dispositions de leur pacte de sujétion.

Note. Il est évident que les communes en possession d'une propriété territoriale, comme par exemple les villes en Allemagne, concluent pareillement le pacte de sujétion.

§. 267.

Forme de gouvernement. Constitution.

L'ensemble de toutes les conditions du pacte de sujétion s'appelle *le régime politique de l'État, la forme de gouvernement, la constitution.*

VI.

Reception des membres sous protection.

§. 268.

Pacte de reception des possesseurs de la propriété mobiliaire.

Les membres sous protection, ou les possesseurs de la propriété mobiliaire, n'étant compris ni dans le contrat de réunion, ni dans le contrat de sujétion, leur association à l'État doit se fonder sur des conventions particulières, que l'on peut appeler *pactes de reception* (pacta receptionis).

§. 269.

Qui le conclut.

Le pacte de reception est conclu par le Souverain même au nom de tous les propriétaires fonciers, vu qu'en accordant aux membres sous protection la permission de séjourner dans le territoire il leur promet tacitement la même garantie pleine et entière de leurs droits que celle dont jouissent les propriétaires territoriaux.

Note. Lorsque dans sa naissance et sa première origine un État n'est habité que par des propriétaires fonciers, un devoir général de l'humanité leur interdit sans doute de léser un étranger qui séjourne chez eux (soit pendant une nuit seulement, soit durant la vie entière, comme par exemple le membre sous protection), mais rigoureusement parlant, ils n'ont pas une obligation proprement dite de le protéger. En Allemagne, avant l'existence des villes, afin de jouir d'une semblable protection (appelée anciennement dans la langue allemande *Bann*, de là le mot français banlieue), de pareils individus (nommés dans le droit germanique municipal *Mund- oder Zettulleute*) se mirent au service de propriétaires territoriaux. Par cela même ils furent considérés comme membres de famille. Ne réclamèrent-ils de leur patron autre chose que protection, et non pas en même temps leur entretien, tels que les serfs, ils ne lui rendirent, leur vie durant, aucun office quelconque. Seulement après leur mort ils abandonnèrent au patron leur délaissé ou hoirie, en récompense de la protection particulière (*Privat-Bannrecht, droit de patronage*) qu'il leur avait accordée. Plus tard l'État les prit sous sa protection immédiate et se fit en France toujours encore délivrer leur délaissé à titre de droit d'aubaine, *jus albinagii* (proprement *Albanagii*, du mot allemand *Allbannsrecht*, c.-à-d. un droit qui se prélève pour la protection générale *Allban* accordée par l'État). — Mais lorsque le membre sous protection n'obtient celle de l'État qu'en raison de son service auprès d'un Seigneur territorial, l'État contracte du moins indirectement avec lui, ainsi que l'indique le § ci-dessus.

§. 270.

Sous le rapport de la protection il faut donc qu'il existe une égalité pleine et parfaite entre les possesseurs de la propriété foncière et ceux de la propriété mobiliaire (membres sous protection). Les droits des uns ne doivent pas être moins garantis que ceux des autres.

Note. C'est à la politique, et non pas au droit public d'aviser aux moyens d'assurer cette protection aux possesseurs de la propriété mobiliaire. D'un côté, le droit des propriétaires fonciers, en qualité de maîtres du territoire et de l'État, et d'un autre côté, la crainte que les membres sous protection ne restent privés de tout appui, présentent ici de grandes difficultés. Dans les anciennes républiques les constitutions politiques abandonnèrent à la discrétion des propriétaires territoriaux les membres sous protection, ou les possesseurs de la propriétaire mobiliaire (par exemple à Athènes les étrangers proprement dits, *μετοίκους*, auxquels toute participation aux affaires de l'État était interdite sous peine de mort), et d'un autre côté, au mépris de la nature et de la justice, on anéantit dans la révolution française toutes les prérogatives des propriétaires fonciers, et l'on abandonna l'État aux membres sous protection, aux possesseurs de la propriété mobiliaire.

Le problème n'a été résolu que dans les temps modernes par celles des Puissances de l'Europe, qui n'ont jamais été ébranlées dans leurs fondemens par des révolutions politiques, ou du moins dont les constitutions n'ont point été altérées par de soi-disans philosophes, principalement l'Allemagne dans la plupart des pays dont elle se compose, et l'Angleterre, où les relations primordiales n'ont point subi des changemens essentiels. Conformément à la fois et au droit de la propriété territoriale, et à l'équité, qui ordonne de veiller à la sûreté des possesseurs de la propriété mobiliaire, ces pays non-seulement se soumirent à un monarque héréditaire, personnellement intéressé à protéger ces possesseurs contre l'oppression des grands propriétaires de terre, mais ils admirent aussi les possesseurs de la propriété mobiliaire, lorsque ceux-ci, accidentellement réunis en communes, avaient acquis en qualité de personnes morales une propriété en fonds de terre, à donner leur voix aux diètes et dans le Parlement.

§. 271.

Comment les possesseurs de la propriété mobiliaire contractent avec l'État.

Les membres sous protection contractent de leur côté le pacte de reception par leur établissement dans l'État.

§. 272.

Leurs droits et obligations.

Tout comme ils sont dès cet instant fondés à réclamer protection, ils ont en revanche l'obligation de rendre obéissance au Souverain.

§. 273.

Ils peuvent donc aussi être déterminés par le Souverain à concourir de leur personne au but de l'État.

§. 274.

Mais ils sont les maîtres de quitter à chaque instant l'État si d'ailleurs un devoir particulier ne les y retient pas.

Note. De pareils devoirs particuliers peuvent provenir ou de l'acceptation d'un office public, ou de la reception dans une commune territoriale, par conséquent du droit de bourgeoisie, ou bien de la création de dettes etc.

VII.

Du pouvoir souverain.

§. 275.

Sa division.

Le pouvoir souverain est appelé à déterminer la volonté générale. Ce qu'il a prononcé doit être voulu par tous les membres de l'État. À l'égard de la société, envisagée comme une personne morale, la souveraineté est par conséquent ce que la raison, ou pour parler plus exactement, la faculté de penser, est à l'égard de l'homme. La souveraineté doit déterminer la volonté générale de toute personne morale, de même que la faculté de penser doit déterminer la volonté de toute personne physique, ou de l'individu.

§. 276.

Or comme la faculté de penser peut être résolue en trois pouvoirs, savoir

1° l'intellect, ou l'entendement,
2° le jugement,
3° la raison,

de même il doit pareillement se trouver dans la souveraineté, qui est l'analogue de la faculté de penser, des pouvoirs qui correspondent à ces trois facultés de l'âme.

§. 277.

L'intellect, ou l'entendement, est la faculté de l'esprit de produire des notions, la raison est la faculté de s'élever à des idées générales, par conséquent de produire des lois universelles, le jugement est la faculté d'appliquer aux occurrences particulières les notions et les idées générales.

§. 278.

À ces trois facultés de l'âme correspondent les trois branches de la souveraineté que nous appelons *le pouvoir inspectif*, *le pouvoir législatif*, *et le pouvoir exécutif.* Le *pouvoir inspectif* est le droit de prendre connaissance de tout ce qui concerne le but de l'État, par conséquent d'exiger de la part des Sujets la communication de tout ce qui a rapport à la sécurité publique et individuelle; *le pou-*

voir législatif est le droit de donner des lois générales; *le pouvoir exécutif* est celui d'appliquer ces lois aux occurrences particulières.

§. 279.

Mais ainsi que l'intellect, la raison et le jugement, ne sauraient être conçus isolés et distraits l'un de l'autre qu'en idée et dans la théorie, de même il est de toute impossibilité de disjoindre dans la réalité les trois pouvoirs de l'État. Il ne peut exister aucun véritable pouvoir législatif qui ne soit pas en même temps le suprême pouvoir exécutif; car un simple pouvoir exécutif sans puissance législative n'est pas un pouvoir souverain; il n'est qu'un pur office de magistrature. Le pouvoir inspectif est perpétuellement et intimément uni aux deux autres pouvoirs. Tout ce qui s'est jamais dit sur une disjonction des pouvoirs effectuée dans la réalité est un pur rêve, une vaine théorie, et une théorie fort dangereuse, ainsi que nous le ferons voir par la suite.

§. 280.

Gouvernement.

L'exercice des droits de souveraineté en général, et particulièrement des pouvoirs de l'État, est ce qu'on appelle *Gouvernement.*

A.

Du pouvoir inspectif.

§. 281.

Définition.

Le pouvoir inspectif (*potestas inspectiva*, l'analogue de l'intellect, et que les anciens Publicistes étaient dans l'usage d'appeler *l'inspection suprême*) est le droit du Souverain de s'enquérir de tout ce qui concerne le but du corps social, spécialement de prendre connaissance des dangers qui menacent la sûreté publique ou individuelle, et de l'état dans lequel se trouve tout ce qui peut servir médiatement ou immédiatement à la défense. Car le Souverain ayant *l'obligation* de prendre de pareilles informations, vu que sans elles il ne pourrait point remplir son devoir de protéger — il en a par cela même aussi le *droit.*

§. 282.

Devoir des Sujets relativement à ce pouvoir.

À ce droit correspond par conséquent l'obligation des Sujets d'informer le Souverain de tout ce qu'ils sont en état de déposer relativement à ces objets — et cela aussi souvent qu'ils y sont interpellés par les lois ou par une sommation particulière.

Note. Ce devoir des Sujets, qui pourrait jamais le révoquer en doute ? Qui ne regarderait comme sacré et inviolable le devoir de rendre en justice témoignage à la vérité lorsqu'on en est requis par le Juge ? Qui pourrait jamais contester l'obligation de dénoncer aux autorités tout complot, toute conjuration, tout attentat quelconque contre la sûreté publique, ainsi qu'en effet la législation écrite l'ordonne dans tous les États ?

§. 283.

Limites naturelles du pouvoir inspectif.

Le Souverain n'ose exercer ce droit, dont l'abus peut être si dangereux pour le repos et la sûreté publique, que là où le devoir le lui ordonne, car il n'a ce droit, comme en général tout droit quelconque, qu'autant qu'un devoir lui en enjoint l'exercice.

Note. C'est sans doute un affreux abus du pouvoir inspectif quand, dans la vue de se divertir, un despote ouvre les lettres confiées aux bureaux de poste. Mais ne sera-t-il pas permis à un Prince de les ouvrir lorsqu'il a lieu de soupçonner l'existence d'un crime de haute trahison qui expose la tranquillité publique? Ne devra-t-il pas observer avec attention les démarches de celui sur lequel plane le soupçon d'un pareil crime?

§. 284.

Son intime liaison avec le pouvoir législatif et exécutif.

Le pouvoir inspectif ne peut être conçu isolé et séparé des deux autres. Il est intimément lié au pouvoir législatif et exécutif. Aucun législateur ne peut donner une loi sans avoir au préalable pris les informations les plus soigneuses relativement à l'objet de la loi. Voilà pourquoi le Parlement d'Angleterre est en possession de faire venir à sa Barre les citoyens et les fonctionnaires publics pour les interroger sur les objets dont la Chambre s'occupe. Il est plus évident encore que l'on ne peut dans chaque occurrence particulière rendre un jugement, ou donner un ordre quelconque, avant que les faits sur lesquels elle se fonde n'aient été convenablement mis dans leur vrai jour.

B.

Du pouvoir législatif.

§. 285.

Définition.

Le pouvoir législatif (*potestas legislativa*), l'analogue de la raison, est le droit de déterminer les moyens propres à atteindre le but de l'État.

Note. Nous l'avons déjà dit, les trois branches du pouvoir souverain ne forment en elles-mêmes qu'un seul et même pouvoir et ne diffèrent que par la manière dont elles se révèlent. La plus étrange des opinions est donc celle que les trois pouvoirs peuvent être distraits, et que le pouvoir législatif et exécutif doivent nécessairement l'être. Car dans une pareille disjonction les dépositaires du pouvoir exécutif ou sont responsables envers le pouvoir législatif, ou ne le sont pas. Sont-ils responsables, les législateurs peuvent changer les ordres du pouvoir exécutif, et par cela même exercent en réalité le suprême pouvoir exécutif. Ne sont-ils point responsables, les législateurs auront beau faire des lois, la volonté du pouvoir exécutif n'en restera pas moins l'unique loi et sera seule exécutée. Les deux pouvoirs sont donc perpétuellement un et indivisibles, ce qui toutefois n'empêche pas qu'on ne puisse accorder à des Représentans de la nation une part à la puissance législative.

§. 286.

Étendue et limites du pouvoir législatif.

Il est évident que dans l'intérêt du but de l'État le pouvoir législatif est en droit de disposer de toutes les ressources que peuvent offrir et les forces des Sujets, et l'avoir ou la propriété de l'État.

§. 287.

Il peut donc prescrire tout ce qui médiatement et immédiatement favorise ou facilite le but de l'État, et sert à lever les obstacles qui empêchent de l'atteindre.

§. 288.

Mais ce qui n'a aucun rapport avec le but de l'État ne saurait être un objet de disposition pour le pouvoir législatif.

Note. Louis XI, Cromwell et la Convention nationale sont des exemples qui font voir comment le pouvoir législatif peut dépasser les bornes que lui assigne le but de l'État. C'est au droit public qu'il appartient de prescrire au pouvoir législatif ses limites, et c'est à la politique à pourvoir aux moyens d'empêcher qu'il ne franchisse ces limites.

§. 289.

Lois.

Toute disposition du pouvoir législatif relativement aux moyens d'atteindre le but de l'État est ce qu'on appelle *loi*, dans le sens du droit conventionnel.

Note. Ces lois sont dès-lors d'une espèce aussi différente que le sont les objets du pouvoir souverain.

§. 290.

Égalité devant la loi.

Les lois doivent être générales, c.-à-d. qu'elles doivent autoriser et astreindre uniformément tous les citoyens dont la position est la même, de manière que ce qui est un droit et une obligation pour l'un doit dans les mêmes circonstances être pareillement un droit et une obligation pour l'autre.

Car dans le contrat social même il ne se trouve absolument aucune raison pour laquelle une personne quelconque devrait être grevée plus qu'une autre. En conséquence, si le pouvoir législatif imposait un Sujet à plus de charges qu'un autre, il le ferait pour des motifs que le but de l'État ne justifierait point.

§. 291.

Mais la sûreté publique exige-t-elle que l'on impose à un régnicole (qui n'aurait point occasionné lui-même le danger) une charge particulière que les autres concitoyens n'auraient point la perspective de supporter également ni dans le moment présent, ni peut-être à l'avenir, l'État est dès-lors obligé d'indemniser ce régnicole.

Note. Il s'agit par exemple de construire une fortification sur le champ qu'un Sujet possède hors et tout près de la ville. Nul doute qu'il ne soit obligé de faire à l'État le sacrifice de son champ. Car il doit obéissance à l'État, et il est tenu de concourir de tous ses moyens aux fins publiques. Mais le Souverain qui représente l'État ne peut point exiger que ce Sujet fasse plus de sacrifices que les autres régnicoles. Celui-ci est donc fondé à demander d'être indemnisé de la perte de son champ.

Il résulte de là la règle générale, qu'il est permis d'imposer extraordinairement une charge quelconque à un Sujet lorsqu'il en obtient indemnité pleine et entière.

§. 292.

Privilèges.

L'État peut pareillement accorder à un citoyen des prérogatives et des faveurs éminentes, *lorsque le but du corps social ou l'exige impérieusement, ou seulement le conseille.* Ces faveurs éminentes sont ce que l'on appelle des *privilèges.*

§. 293.

Leur inviolabilité.

À dater de son acquisition tout privilège s'identifie pour ainsi dire, à l'instar de tout autre droit légitimément acquis, avec le droit inné de l'acquéreur; d'où il suit, qu'il ne peut être annulé que sous la condition indiquée au §. 291.

§. 294.

Force obligatoire des lois.

La législation astreint les Sujets à conformer leurs actions aux dispositions des lois.

§. 295.

Leur promulgation.

Cette obligation des Sujets date de l'instant où le pouvoir législatif publie ses dispositions pour leur donner force de loi. Cet acte de publication s'appelle *promulgation.*

§. 296.

Mais si le pouvoir législatif ne veut pas que l'ignorance de la loi soit un motif de justification, il faut qu'il adopte un mode déterminé de promulgation.

§. 297.

Coutume.

Tolère-t-il de la part des Sujets des actes qui ont un rapport avec le but de l'État, de manière à faire naître la présomption naturelle que le pouvoir législatif le veut ainsi (*opinio necessitatis*), il introduit par là tacitement une loi, que l'on appelle une *coutume*.

§. 298.

Abrogation des lois.

Une loi peut être abrogée soit par une révocation expresse, soit tacitement par la tolérance d'une coutume contraire à la loi, ou par une nouvelle loi qui sans révocation expresse ordonne tout autre chose que l'ancienne.

§. 299.

Mais une loi postérieure qui renferme une disposition générale contraire à une disposition spéciale d'une loi antérieure n'annule pas encore pour cela cette loi spéciale. Car l'intention de la loi générale plus récente est tout autre que celle de la loi spéciale plus ancienne, et elles peuvent peut-être très-bien subsister ensemble.

§. 300.

Mais l'intention de la loi générale plus récente ne saurait-elle se concilier avec celle de la loi spéciale antérieure, celle-ci est annulée par l'autre.

C.

Du pouvoir exécutif.

§. 301.

Définition et fonction.

Le pouvoir exécutif, l'analogue de cette opération de l'esprit, laquelle on appelle dans la logique *le jugement*, est le droit de la souveraineté de mettre à exécution les mesures arrêtées par la puissance législative, ou de réaliser ce que celle-ci a statué.

Note. Toute opération du pouvoir exécutif est un syllogisme dans lequel la loi est la majeure, l'enquête la mineure, et l'arrêté la conclusion. À cet égard aussi le pouvoir exécutif révèle son analogie avec le jugement, car tout jugement est le résultat d'un syllogisme.

§. 302.

Comme les dispositions du pouvoir législatif sont générales et universelles, le pouvoir exécutif doit déterminer, conformément aux dispositions des lois, les occurrences individuelles.

§. 303.

Il doit par conséquent ranger sous la loi chaque cas individuel, et opérer en lui la mise à exécution de ce que la loi ordonne.

§. 304.

Droits dont le pouvoir exécutif se compose.
1° *Droit d'enquête.*

Le pouvoir exécutif comprend donc 1° le *droit d'enquête* (*jus cognoscendi*). C'est là le pouvoir inspectif intimément lié aux pouvoirs exécutif et législatif. Car le pouvoir exécutif ayant l'obligation d'appliquer la loi, par cela même a pareillement celle de rechercher si le cas de la loi existe.

§. 305.

À ce droit et ce devoir du pouvoir exécutif correspond l'obligation des Sujets de porter à sa connaissance tout ce qui sert à appliquer la loi au cas individuel, et ce qu'il est en leur pouvoir de faire connaître.

§. 306.

2° Droit d'ordonner et de décider.

Le pouvoir exécutif a 2° le droit de commander et de décider (*jus mandatorum aut decidendi*) ou le droit d'arrêter après l'enquête ce qui dans l'occurrence présente doit être ou doit se faire.

Note. Au pouvoir exécutif appartient incontestablement le droit de nommer aux emplois publics; car les Employés, ou fonctionnaires sont les agens du pouvoir exécutif; ils ont mission de donner des ordres, ce qui ne peut se faire qu'au nom du pouvoir exécutif.

§. 307.

Le Sujet a l'obligation juridique d'obéir aux ordres du pouvoir exécutif.

§. 308.

Mais d'un autre côté le pouvoir exécutif ne peut ordonner que ce qui a été statué par le pouvoir législatif.

Note. Il suit de là que lorsque les deux pouvoirs se trouvent en des mains différentes le pouvoir exécutif est subordonné au pouvoir législatif, à moins que la personne investie du pouvoir exécutif n'ait une part à la puissance législative.

§. 309.

Interprétation des lois par le pouvoir exécutif.

La loi qu'il s'agit d'appliquer est-elle obscure, et cette obscurité se trouve-t-elle dans la loi même (*lex in thesi obscura*), de manière que l'on ne saurait en inférer avec certitude l'intention de la puissance législative relativement à ce qui doit avoir lieu, le pouvoir exécutif n'ose point interpréter le sens de la loi, mais il doit demander cette interprétation du pouvoir législatif; car dans cette hypothèse le pouvoir législatif n'a pas encore statué; il ne statue en réalité que par l'interprétation de la loi. Or toute disposition législative ne peut émaner que de lui, et non pas du pouvoir exécutif.

§. 310.

Au contraire l'obscurité ne se trouve-t-elle pas dans la loi même, mais bien dans le cas donné, ce cas n'est-il pas en réalité celui qui a été prévu par la loi, et néanmoins l'intention du pouvoir législatif relativement à la manière dont il doit y être procédé peut-elle être suffisamment établie par la détermination du cas précisé dans la loi (*lex in hypothesi obscura*), l'interprétation de la loi est du ressort du pouvoir exécutif. Car dans cette hypothèse l'interprétation n'est autre chose que l'application de la loi — application qui est la fonction spéciale du pouvoir exécutif.

§. 311.

Dès-lors le pouvoir exécutif décide le cas donné soit par l'extension, soit par la restriction de la loi conformément à l'esprit de la loi, c.-à-d. à l'idée directrice ou à l'intention du législateur prononcée dans le cas prévu par la loi.

§. 312.

Interprétation restrictive de la loi.

L'interprétation restrictive consiste à ne point appliquer la loi à un cas donné, bien qu'il paraisse être compris dans la lettre de la loi. Elle a lieu 1° lorsque dans le cas donné et dans celui qui a été prévu par la loi, les circonstances principales ne sont pas les mêmes (*diversitas notionis*), 2° lorsque les circonstances accessoires que présente le cas donné sont telles que l'intention de la loi ne saurait leur être appliquée (*diversitas rationis*).

§. 313.

Interprétation de la loi par extension.

On interprète la loi par extension en l'appliquant à un cas donné qui ne se trouve pas compris dans la lettre de la loi. Cette interprétation a lieu 1° lorsqu'il y a identité dans les circonstances principales du cas donné et de celui qui a été prévu par la loi (*identitas notionis*), 2° lorsque dans les circonstances accessoires du cas donné il n'en est point qui, eu égard au but de l'État, modifieraient l'intention de la loi (*identitas rationis*).

§. 314.

En cas de doute, le pouvoir exécutif doit requérir la décision du pouvoir législatif.

Note. Sans doute dans le droit public absolu on ne peut jamais traiter d'une forme particulière de gouvernement. Mais aussi, quoique les pouvoirs de l'État puissent être considérés comme des personnes morales différentes, il n'est pas non plus question ici d'États qui ont en réalité confié le pouvoir législatif et exécutif à des personnes différentes.

§. 315.

3° Droit d'exécution.

Enfin le pouvoir exécutif a 3° le droit d'exécution (*jus exsequendi*), c.-à-d. le droit de faire respecter ses ordres au moyen de la force physique employée soit contre la nature dépourvue de raison, soit contre les hommes, et pour cet effet de requérir les forces des Sujets, ou de faire servir à cette contrainte la propriété de l'État.

§. 316.

Envers ceux qui agissent contrairement au but de l'État, et qui n'obéissent pas à ses ordres, le pouvoir exécutif, en qualité de Réprésentant de l'État outragé, use du droit de l'offensé, d'infliger punition.

VIII.

Des droits extérieurs de souveraineté.

§. 317.

Définition.

Parmi les affaires qui occupent le pouvoir souverain se distinguent avant toutes choses celles qui concernent les relations de l'État avec tous ceux qui se trouvent hors de son territoire. Ses droits envers ceux-ci peuvent être appelés les droits extérieurs de souveraineté (*jura majestatis transeuntia*). Ceux envers lesquels ces droits lui appartiennent sont ou bien d'autres États, ou des individus, ou des sociétés qui ne sont pas des Corps politiques ou des États.

§. 318.

Droits et devoirs de l'État relativement aux étrangers.

À l'égard des droits extérieurs de souveraineté, il est à propos, en premier lieu, de rappeler que l'État, comme toute autre société, ne saurait avoir que des devoirs juridiques, et non pas des devoirs purement moraux ou intérieurs qui ne sont remplis et violés que dans l'intérieur de l'âme, en second lieu, qu'en fait de politique extérieure, le plus sûr et le plus raisonnable sera toujours d'observer rigoureusement la loi de la justice, et de suivre là où il lui a été rendu hommage, dans les choses qui sont indifférentes sous le rapport du droit, ce que la loi de la Morale prescrirait en pareils cas. Dans les relations extérieures la droiture, la franchise, la probité en tout, et l'accomplissement rigoureux des devoirs constituent d'autant plus les élémens d'une politique saine que l'astuce, à qui tous les moyens sont égaux, peut cependant manquer son but. Or une politique astucieuse qui échoue dans ses desseins se couvre d'une double honte, car elle avait à sa disposition une fois autant de moyens que la probité, savoir, les moyens licites et les moyens illicites, tandis que celle-ci était limitée par l'impossibilité physique et par l'impossibilité morale.

§. 319.

À l'avantage de ceux qui sont hors de son territoire l'État ne peut employer ni la propriété publique, ni les forces des Sujets.

§. 320.

Mais son propre intérêt peut l'autoriser à prêter assistance aux étrangers, ou à leur procurer des avantages.

§. 321.

Comme au Souverain seul a été confié le soin de choisir les moyens propres à atteindre le but de l'État, il est aussi seul en droit de régler et d'administrer les affaires extérieures de la société.

§. 322.

Le rapport de l'État aux Puissances étrangères est le même que celui de l'individu à l'individu. Or l'individu ayant à défendre sa personne, sa liberté, sa propriété contre autrui, le Souverain doit pareillement maintenir à l'extérieur 1° l'intégrité, 2° l'indépendance, 3° et le territoire de l'État qu'il gouverne.

§. 323.

Outragé par un autre État, le Souverain peut donc, à l'instar de toute personne offensée, requérir les forces de ses Sujets, et poursuivre son droit à la punition et à la réparation du dommage. C'est ce qu'on appelle le *droit de faire la guerre.*

§. 324.

Le Souverain peut pareillement conclure avec d'autres États toutes sortes de traités, tels que la paix, des traités d'alliance etc.

§. 325.

Dans le cas de nécessité il pourra même céder une partie du territoire, non pas parce qu'un pareil cas annule des obligations, mais parce que la sûreté des parties du territoire à céder et à obtenir en retour, et de leurs habitans, autorise le Souverain à cette cession.

§. 326.

Enfin l'État est aussi en droit de stipuler dans des traités passés avec d'autres États qu'à l'avenir ils ne formeront avec lui qu'un seul et même Corps de peuple.

§. 327.

À l'égard des individus étrangers, l'État peut, comme à l'égard des Puissances étrangères, poursuivre contre eux ses droits d'offensé, ou contracter avec eux.

§. 328.

Rapport de l'État envers le malfaiteur.

Un Sujet offense-t-il l'État, c.-à-d. ne lui rend-il point l'obéissance à laquelle il est obligé, ou agit-il même contrairement au pacte social, il dissout par cela même les liens qui l'unissaient à l'État; il cesse d'être citoyen de l'État, et devient son ennemi.

§. 329.

L'État est par conséquent en droit de procéder hostilement contre le malfaiteur, son ennemi et son agresseur, de la même manière que le peut l'individu relativement à celui qui l'offense. La société est avec le malfaiteur en état de guerre ouverte.

Note. Le malfaiteur ne fait que ce que fait une armée ennemie. Or personne assurément n'a soulevé la question de savoir, si un État est fondé à livrer bataille à une armée ennemie, et à tuer les soldats ennemis. Et l'État ne serait point en droit de tuer l'ennemi que nous appelons malfaiteur? Le nombre ne fait ici rien, ni la captivité. Car la captivité à laquelle se soumet un prisonnier de guerre moyennant la promesse de la vie et de l'inviolabilité, ne saurait entrer en ligne de comparaison avec celle d'un malfaiteur, et aucune règle de droit extérieur ne peut être établie sur la limite du droit de l'offensé. La question, si la peine de mort est conforme aux règles de la prudence, est une question de politique. Ceux qui la décident négativement ont contr' eux l'autorité de toutes les nations.

§. 330.

Le pouvoir législatif est fondé à statuer quelles actions doivent emporter la privation des droits civils, et le traitement du malfaiteur comme ennemi de l'État, et comment dès-lors il doit être procédé contre lui. Aucune limite à cet égard ne pouvant être établie par le droit naturel, le pouvoir législatif n'aura d'autre guide que la politique.

§. 331.

But et graduation des peines.

L'État ne peut décerner une peine pour aucun autre motif que pour celui de détourner du crime, d'où il suit que la peine doit être proportionnée à l'esprit du temps et du peuple. Car trop douce, elle serait tournée en dérision, et trop rigoureuse, elle inspirerait de la compassion pour le malfaiteur; dans l'un et l'autre cas, elle manquerait son but, de détourner du crime.

§. 332.

Aucune peine sans loi.

Aucune peine ne peut être infligée qui n'ait été décernée par une loi. Car l'exécution de la peine est du ressort du pouvoir exécutif, qui jamais n'est en droit d'entreprendre quoi que ce soit, sans loi, ou d'autorité privée.

§. 333.

Différens genres de peines.

Comme le pouvoir législatif ne trouvera point prudent de punir jusqu'à la dernière rigueur toute infraction de ses dispositions, il fera une différence, et, en partie, traitera absolument comme ennemis de l'État les transgresseurs de la loi, en partie, les considérera de nouveau comme citoyens après leur avoir infligé une peine proportionnée à leur délit.

Note. De là la différence entre peines capitales et non-capitales, entre contraventions civiles et criminelles.

§. 334.

Législation criminelle.

En tant qu'elle s'occupe de ces dispositions, la législation est dite *criminelle.*

§. 335.

Pouvoir judiciaire criminel.

En tant qu'il met à exécution les lois criminelles, le pouvoir exécutif s'appelle le *pouvoir judiciaire criminel.*

IX.

Droits intérieurs de souveraineté.

§. 336.

Définition.

Les droits intérieurs de souveraineté (*jura majestatis immanentia*) sont tous ceux qui se rapportent aux relations du Souverain et des Sujets entr'eux.

§. 337.

Objet.

a) *Administration civile,*
b) *Justice.*

Il appartient au pouvoir souverain de déterminer les devoirs dont les citoyens ont à s'acquitter envers le corps social comme tel, ou les droits et devoirs que les individus ont entr'eux. La première attribution est le *droit d'administration civile*, l'autre est *le droit suprême de Justice.*

§. 338.

1° *Administration civile.*

a) *Finances.*

b) *Police.*

L'administration civile, ou bien détermine comment l'avoir ou la propriété de l'État doit être prélevé sur l'avoir ou la propriété des Sujets (*droit suprême de finance*), ou ordonne ce que dans l'intérêt du but de l'État chaque Sujet doit faire, s'abstenir de faire, ou tolérer (*droit suprême de police*).

§. 339.

a) *Finances* *).

Le droit de la souveraineté de statuer sur tout ce qui a rapport à la propriété de l'État, est le *droit suprême de finance*.

§. 340.

α) *Droit d'imposer des tailles.*

En tant qu'à cet égard il promulgue simplement des dispositions (*lois de finance*), le pouvoir législatif s'appelle le droit d'imposer des tailles (*potestas circa tributa, jus tributorum*).

§. 341.

β) *Administration des finances.*

En tant qu'il met ces lois à exécution, le pouvoir exécutif s'appelle *l'administration des finances* (*jus aerarii publici*), laquelle dès-lors comprend la perception de revenus fixes, aussi bien que leur emploi utile fait conformément à la loi.

---

*) Consulter sur cet objet: Science des finances exposée théoriquement et pratiquement etc. ouvrage traduit de l'allemand de Mr. de Jacob, Conseiller d'État. 2 vol. 8. Leipsic et Paris chez Brockhaus et Avenarius. 1841.

§. 342.

Avoir et propriété de l'État.

À l'avoir ou au bien public n'appartient que ce qui du droit des Sujets passe et échoit à celui de l'État.

§. 343.

Moyens de les prélever sur le bien des Sujets.
1° Domaines et Régales.

La propriété publique se compose par conséquent: 1° de tout ce qui est *à perpétuité* destiné à faire face aux besoins publics. Cette destination se fait, de la part du Prince, en défendant aux Sujets soit l'appropriation de certains objets (*jus circa adespota*), soit l'exercice de certaines professions qu'on réserve exclusivement au Prince (*droits régaliens*), et de la part des Sujets, en cédant à perpétuité à l'autorité souveraine une partie de leur avoir, pour en former un fonds public (*fundus publicus*).

Note. Un droit sur les choses sans maître (*res nullius*) est donc un droit de souveraineté purement casuel. En Allemagne la plupart des Domaines sont une propriété particulière du Prince (*fundus patrimonialis principis*), et non pas une propriété de l'État.

§. 344.

2° Tailles et impôts.

La propriété de l'État se formera 2° de tout ce que les Sujets, *de temps à autre*, donnent à l'État pour subvenir aux besoins publics individuels. C'est ce qu'on appelle *impôt*, *taille*.

§. 345.

Économie à apporter dans les dépenses publiques.

Comme même dans l'intérêt de sa sûreté tout homme ne veut donner de son avoir que le moins que possible, le contrat de sujétion impose tacitement au Souverain le devoir d'apporter la plus grande économie possible dans les dépenses publiques.

§. 346.

Toutefois dans l'État qui pourvoit au plus haut intérêt de chaque individu, savoir, la sûreté, les dépenses ne peuvent point, ainsi que dans l'économie domestique, se régler sur la recette, mais au contraire, la recette doit se régler sur la dépense, d'où il suit que les Sujets ont l'obligation de se soumettre à toute loi de finance quelconque.

Note. Bien entendu seulement pour les besoins que nécessite le but de l'État.

§. 347.

Divers genres de dépenses publiques.

Les dépenses publiques se laissent diviser en 1° celles que l'entretien du Souverain, 2° en celles que les relations extérieures, les ambassades, la guerre etc., 3° en celles enfin que l'administration civile et la Justice rendent nécessaires.

Note 1. Quoique ces dernières dépenses soient partout les mêmes, les premières cependant sont beaucoup plus fortes dans les républiques que dans les monarchies.

Note 2. En Europe les dépenses pour l'entretien des armées sur pied l'emportent sans doute sur toutes les autres, mais aussi ces armées maintiennent la paix publique.

§. 348.

b) *Police.*

Le droit du Souverain de déterminer conformément au but de l'État les actions des Sujets (soit celles de commission, soit celles d'omission, par conséquent les actions qu'ils doivent faire, qu'ils doivent tolérer, et celles dont ils doivent s'abstenir), s'appelle la *haute police.*

§. 349.

Le pouvoir législatif qui établit à cet égard des dispositions s'appelle le droit suprême de législation de police (*jus politiae*).

§. 350.

Le pouvoir exécutif qui met à exécution les lois de police prend la qualification de jurisdiction de police (*jurisdictio politica*).

§. 351.

Police médiate et immédiate.

La haute police détermine les actions des Sujets afin d'atteindre en partie médiatement, en partie immédiatement le but de l'État, ou la sûreté.

§. 352.

α) Immédiate.

Les fléaux de la nature, d'une part, et la malveillance des hommes d'autre part, occupent *immédiatement* la police. Afin de garantir des premiers, la police cherche à prévenir les dommages qu'ils pourraient causer, en fondant des établissemens de quarantaine, en élevant des digues, en desséchant les marais etc. Afin de garantir de la malveillance des hommes, la police s'attache à s'opposer à l'exécution des crimes, et à découvrir promptement ceux qui se sont commis.

§. 353.

β) Médiate.

Dans l'intérêt de la sûreté la haute police prend des mesures médiates en haussant et augmentant les ressources dont dispose l'État pour se procurer protection et sûreté, ressources qui se trouvent en partie dans les hommes, en partie dans la richesse publique.

§. 354.

C'est ainsi qu'avec juste raison la haute police a médiatement soin, en partie, de la population, en partie, de la civilisation nationale. Dans l'intérêt de la population elle crée des institutions de médecine et de pharmacie, elle facilite les mariages et les moyens de pourvoir à l'entretien. Dans l'intérêt de la civilisation civile ou nationale, elle établit des écoles d'industrie, et institue des établissemens d'instruction d'un ordre plus relevé, destinés à initier aux hautes connaissances les hommes qui doivent être revêtus des premières charges de l'État.

Note. L'éducation convenable de l'homme, comme tel, n'est point de la compétence de l'État, et doit être abandonnée aux soins des parens et de l'Église. En Allemagne il existe trop peu d'écoles d'industrie, mais on a eu raison de laisser à l'Église les écoles du plat pays et les écoles municipales du second rang, car une bonne instruction religieuse est ce qui convient le mieux à la civilisation du vulgaire aussi long-temps qu'une religion *positive* est le fondement et l'objet propre de cette instruction. Si à la place du christianisme une religion *naturelle* venait à s'introduire en Europe, la jeunesse du plat-pays apprendrait-elle encore à lire, et tout ne serait-il pas immédiatement rejeté dans la barbarie?

§. 355.

La police a soin d'augmenter la richesse publique en levant tous les obstacles qui s'opposent à l'exploitation, à l'amélioration, et à l'échange des productions naturelles, ou en d'autres termes, qui entravent l'économie rurale, l'industrie et le commerce.

§. 356.

Sous le prétexte spécieux du bien public, la police ne doit jamais porter atteinte à la propriété individuelle. Car la garantie des droits étant l'unique but de l'État, le maintien de la sécurité est seul ce qui constitue le bien public. Or comment ce qui est diamétralement opposé au bien public pourrait-il jamais être à son égard un moyen de prospérité?

Note. Pour quiconque a le coeur pénétré du sentiment du droit, la plus belle jouissance est incontestablement celle de reconnaître que dans la science de l'économie politique ce qui est juste est seul véritablement utile, et que tous les privilèges dont on favorise les fabriques, toutes les prohibitions d'exportation et d'importation, toutes les mesures prises pour garder l'argent dans le pays, pour l'y attirer, et d'autres atteintes de ce genre portées à la propriété individuelle, sont précisément ce qui appauvrit le pays.

§. 357.

Basse police.

Des sociétés telles que les villes, les corps de métier, les villages etc. mettent-elles sous la protection directe et immédiate de l'État leurs fins particulières, comme une partie des droits de leurs membres, elles le chargent par cela même d'exercer la police qui concerne spécialement ces sociétés. Cette police est ce qu'on appelle *la basse police.*

§. 358.

2° Droit suprême de Justice civile.

Dans l'intérêt du but du corps social l'État ose-t-il à la fois déterminer les actions des Sujets, et disposer de leur avoir, il doit pareillement avoir la faculté de leur prescrire des règles quant à leurs droits civils, c.-à-d. à ceux qui ne se rapportent point au pouvoir souverain. Ce droit du Souverain est ce qu'on appelle le *droit suprême de Justice civile.*

§. 359.

L'ensemble des dispositions statuées à cet égard par le pouvoir législatif s'appelle la *législation de Justice civile* (*potestas legislatoria civilis*).

§. 360.

L'application de ces lois, appelée *la Jurisdiction civile* (*jurisdictio civilis*), est du ressort du pouvoir exécutif, qui prend dès-lors la qualification de *pouvoir judiciaire.*

§. 361.

Étendue et limites de ce droit.

Il va sans dire que la législation de Justice civile ne peut apporter aucun changement dans les droits innés de l'homme. Car c'est précisément pour garantir ces droits que l'homme s'incorpore et s'associe à l'État.

§. 362.

Jamais non plus elle ne peut spolier les droits légitimement acquis. Car, nous le répétons, acquérir n'est autre chose qu'amalgamer ou identifier tellement un objet avec nos droits innés, qu'on ne saurait nous l'enlever sans blesser ceux-ci. Frustrer quelqu'un de ses droits légitimement acquis serait donc véritablement violer ses droits innés.

§. 363.

Mais lorsque le but de l'État l'exige, le pouvoir législatif pourra convertir en *juridiques* des devoirs extérieurs *moraux*. Car un ordre émané de ce pouvoir établit déjà, en vertu du contrat de sujétion, une obligation juridique.

Note. Par ce moyen on construit pour ainsi dire une digue autour des droits naturels moraux comme pour leur servir de boulevard.

§. 364.

Il suit de là que le pouvoir législatif peut en partie circonscrire, en partie étendre les modes d'acquisition, et qu'il ne peut que limiter les modes d'extinction des droits, mais non jamais leur donner plus d'étendue.

§. 365.

Comme pour tous les citoyens les lois doivent être d'une égalité relative, c'est-à-dire, que dans une position tout-à-fait semblable elles doivent établir pour chaque Sujet indistinctement une égalité parfaite de droits et de devoirs, le Souverain doit suivre la même règle dans ses lois qui concernent la Justice civile.

Note. Quand viendra-t-on enfin à reconnaître partout que les hommes ne sont égaux entr'eux que sous le rapport de leurs droits innés, et de l'inviolabilité de leurs droits acquis, mais que parmi les droits acquis il y aura perpétuellement inégalité, et que dans tous les États l'inégalité par rapport à ce que l'État donne comme par rapport à tous les droits acquis est nécessaire précisément pour maintenir l'égalité des droits innés et les droits légitimément acquis ?

§. 366.

Pouvoir judiciaire en matière civile.

Afin de garantir la sûreté des droits, et pour empêcher que sous le prétexte de légitimes réclamations les Sujets ne se portent les uns envers les autres à d'injustes agressions, il est de toute nécessité que le droit de punir et de contraindre à l'indemnité soit interdit à ceux des Sujets qui ne sont pas déjà par la nature même fondés à l'exercer, tels que les parens relativement à leurs enfans, et que par le contrat de sujétion ce droit soit délégué au Souverain.

Ce droit est ce qu'on appelle le *pouvoir judiciaire en matière civile.*

§. 367.

Le Souverain ne peut exercer ce droit que sur la plainte de celui qui se tient pour lésé. Car celui-ci n'est pas lésé lorsqu'il ne porte pas plainte, et que par conséquent il se désiste de son droit, dans lequel cas le pouvoir judiciaire contraindrait fort injustement le prétendu agresseur.

Note. Il en est autrement des lésions qui entraînent pour l'offenseur la peine d'être traité en ennemi de l'État (peines capitales et criminelles). Là l'État poursuit l'ennemi public que le pardon de l'offensé ne réconcilie point avec la société entière.

§. 368.

Jurisdiction contentieuse et volontaire.

Non-seulement le pouvoir judiciaire est en droit, sur la sollicitation des Sujets, de connaître des différends, où l'un prétend avoir à la charge d'un autre un droit que celui-ci refuse de reconnaître (*jurisdiction contentieuse*), mais il peut aussi établir des institutions pour prévenir de futures contestations (*jurisdictio voluntaria*).

§. 369.

Le Souverain ne peut jamais ni refuser d'entendre la plainte, ni agir partialement dans les procès d'un Sujet quelconque.

§. 370.

Toute décision du pouvoir judiciaire suppose la préexistence d'une investigation ou enquête judiciaire.

Mais avant que le pouvoir judiciaire décide, les faits, sur lesquels se fonde le droit, doivent être constatés judiciairement, c.-à-d. portés à ce degré de certitude morale dont l'évidence est reconnue de suite par tous les hommes. La poursuite de l'affaire dans l'intérêt de ce but est ce qu'on appelle *l'enquête judiciaire.* En effet, comment pourrait-on dénier un droit à quelqu'un avant d'avoir la certitude, appréciable par tout le monde, que ce droit ne lui appartient pas ?

§. 371.

Pour qu'un malfaiteur puisse être traité en ennemi de l'État, il doit être constant qu'il est effectivement coupable d'un attentat. Comme il s'agit ici du droit d'un régnicole, cette question doit être discutée et décidée par jugement entre lui et l'État, d'où il suit que la décision de ce point est du ressort du pouvoir judiciaire.

X.

Droits casuels de Souveraineté.

§. 372.

Définition.

Les droits casuels de souveraineté ne sont point, comme ceux que nous venons d'indiquer, compris dans le contrat de sujétion.

§. 373.

Comment ils s'acquierent
1° à l'intérieur.

Sont-ils intérieurs, ils s'acquierent par la seule volonté du pouvoir législatif qui peut se les attribuer exclusivement.

Car n'étant pas compris dans le contrat de sujétion, il n'existe aucun pouvoir qui puisse les déléguer, et comme d'ailleurs ils ne peuvent servir que de moyens d'atteindre le but de l'État, ils sont exclusivement à la disposition du pouvoir législatif.

§. 374.

2° à l'extérieur.

Relativement aux Puissances étrangères, ils peuvent être acquis soit par des conventions, soit en réparation d'offenses.

Note. Par exemple des servitudes publiques.

§. 375.

Droits régaliens.

Sont-ils intérieurs, on les appelle *droits régaliens productifs* lorsqu'en vertu du droit d'établir des impôts on en fait une source de recette publique, et *droits régaliens non-productifs*, lorsqu'ils ont pour objet d'autres fins.

Note. Au nombre des derniers, et non pas des premiers, devrait appartenir le droit de la Couronne de battre monnaie. Toutefois ceci est une règle de politique, et non de droit public.

§. 376.

Droit de nommer aux emplois.

Parmi les droits régaliens non-productifs il faut signaler principalement le droit de nommer aux emplois, ou le droit de confier à des personnes individuelles l'expédition de certaines affaires publiques.

Note 1. Nous l'avons déjà dit, le droit de nommer aux emplois publics est une prérogative du pouvoir exécutif; car les Employés sont les agens de ce pouvoir, et leur mission est de donner des ordres, ce qui ne peut se faire qu'au nom du pouvoir exécutif.

Note 2. Lorsque les emplois publics ne sont pas des charges alternatives, la loi de la justice ordonne que ceux qui en sont revêtus soient indemnisés de leur peine, et la politique, que ces emplois soient inamovibles. Les offices publics exigent-ils une étude préparatoire de plusieurs années, et l'État les confère-t-il d'ordinaire à vie, il résulte pour celui qui s'en charge le droit de n'en être dépossédé que lorsqu'il a encouru la destitution.

Note 3. Le droit des honneurs et des dignités est une simple mesure de police. Les honneurs distingués que l'État accorde aux personnes (et que pourrait-il faire de plus?) sont incontestablement une des meilleures inventions de la politique. Qu'est ce qui tient plus dans le devoir et dans l'obéissance que ces jouets, qui par là deviennent véritablement utiles? Comme les hommes ne peuvent jamais être gouvernés uniquement par la raison, pourquoi ne tirerait-on pas parti de cette commode ressource, et pourquoi préférerait-on que le pouvoir exécutif se procurât obéissance par le glaive et par des moyens extrêmes?

XI.

Des formes de Gouvernement.

§. 377.

Constitutions politiques; formes de Gouvernement.

L'ensemble de toutes les modifications du contrat de sujétion est ce qu'on appelle *la constitution politique de l'État, la forme du Gouvernement* (*forma rei publicae*).

§. 378.

Lois et observances fondamentales.

Les dispositions expresses relativement à la constitution politique de l'État, par conséquent des conventions expresses entre le Souverain et les Sujets, s'appellent *lois fondamentales de l'État*, et les dispositions tacites, *observances fondamentales*.

§. 379.

Droit de régler la forme du Gouvernement.

Le peuple primitif (la corporation des propriétaires fonciers) a le pouvoir de choisir librement une forme de Gouvernement.

§. 380.

Mais s'il outrage un peuple étranger, celui-ci peut, à titre de conquérant, lui imposer une forme de Gouvernement.

§. 381.

En général, toute forme de Gouvernement qui naît par voie légale est légitime.

§. 382.

Impossibilité d'une disjonction parfaite du pouvoir législatif et exécutif.

En fait de forme de Gouvernement il importe de faire observer, qu'une disjonction parfaite du pouvoir législatif et du pouvoir exécutif est une chimère par laquelle les théoriciens cherchent à briller, et les séditieux à tromper les hommes. Car il est évident que partout où une telle disjonction existe, il faut de deux choses l'une, ou que les dépositaires du pouvoir exécutif soient responsables envers ceux du pouvoir législatif, ou qu'ils ne le soient pas.

§. 383.

Sont-ils responsables, il est clair que le pouvoir exécutif, est, non pas un pouvoir souverain, mais bien un pur office, de la gestion duquel les dépositaires sont tenus de rendre compte. Or l'idée de responsabilité emporte que celui qui est en droit de demander compte aux autres de leur gestion peut approuver ou désapprouver, confirmer ou changer, d'où il suit que dans le cas de la responsabilité des dépositaires

taires du pouvoir exécutif envers le pouvoir législatif le véritable souverain pouvoir exécutif réside de fait dans la puissance législative, dont les arrêts confirmatifs ou réformatifs sont en définitive des ordres suprêmes et souverains, même dans les détails, — détails dont il appartient principalement au pouvoir exécutif de s'occuper.

§. 384.

Au contraire les dépositaires du pouvoir exécutif ne sont-ils pas responsables envers ceux du pouvoir législatif, ils seraient véritablement en possession du pouvoir souverain, tandis que les législateurs n'auraient qu'une vaine apparence de pouvoir. En effet qu'est ce qui sous ce régime pourrait astreindre les dépositaires du pouvoir exécutif à observer les dispositions prescrites par la puissance législative? ils pourraient hardiment, et en toute sûreté, substituer leur volonté aux lois. Et pour peu que l'on connaisse les hommes, on ne doutera point qu'ils ne le fassent. Les lois ne seraient pour les dépositaires du pouvoir exécutif que de purs prestiges et leurs caprices arbitraires deviendraient la loi unique.

§. 385.

Ainsi, *responsable*, le pouvoir exécutif serait englouti par le pouvoir législatif; *non responsable*, il engloutirait lui-même le pouvoir législatif. C'est là la raison pour laquelle toutes les chartes constitutionnelles qui dans les États modernes de l'Europe ont délégué aux Monarques le pouvoir exécutif, tout en lui adjoignant, quant à la confection des lois, un corps de Réprésentans du peuple, ont eu grand soin d'accorder au Souverain une part considérable à la puissance législative, et ce fait confirme précisément l'impossibilité d'une disjonction parfaite et véritable des pouvoirs législatif et exécutif comme de deux pouvoirs indépendans l'un de l'autre.

Note. Quel est l'homme assez simple pour croire que la Grande Bretagne pourrait enlever à son Souverain l'importante part à la puissance législative sans paralyser le pouvoir législatif et exécutif, et les engager l'un avec l'autre dans une lutte désastreuse?

§. 386.

Division des formes de Gouvernement.

La différence que présentent les formes de Gouvernement se fonde principalement sur celle des personnes qui sont en possession du pouvoir souverain. Or ce pouvoir peut être confié à *une*, ou à *plusieurs* personnes, et c'est de là que résulte la division fondamentale des formes de Gouvernement, en *simples* et *mixtes*.

§. 387.

a) *Formes de Gouvernement simples.*

Les formes de Gouvernement simples sont toutes celles où le pouvoir souverain est confié à *une* personne. Cette personne est-elle une personne physique, le Gouvernement est dit *monarchique*; est-elle une personne morale, le Gouvernement est appelé *républicain*.

Note. On sait qu'en Jurisprudence on entend par personne morale une association de plusieurs hommes faite dans le but d'atteindre toute fin quelconque physiquement et moralement possible. Comparer le §. 138.

§. 388.

Dans la monarchie la personne du Souverain peut être fixée par droit d'hérédité, ou par voie d'élection; de là la division des monarchies en *héréditaires*, et *électives*. — Les républiques peuvent déléguer la souveraineté ou bien à une personne morale inamovible, à un Sénat, ou à une personne morale amovible, savoir, à la pluralité des voix de tous les citoyens libres; dans le premier cas la république s'appelle une *Aristocratie*, dans le second, une *Démocratie.* Ainsi que la monarchie, l'Aristocratie peut être héréditaire ou élective, selon que la qualité de membre du Sénat dirigeant est attachée à la descendance et à l'hérédité de certaines familles, ou qu'elle dépend de l'élection du peuple. La nature des Démocraties emporte qu'elles ne peuvent exister que dans des États fort exigus, tels qu'à Genève et dans les cantons de la Suisse. C'est là qu'il faut reléguer la soi-disante *souveraineté du peuple.*

§. 389.

b) *Formes mixtes de Gouvernement.*

Les formes mixtes de Gouvernement sont toutes celles où le pouvoir souverain a été délégué à plusieurs personnes. À la vérité, il est impossible de partager purement entre ces personnes le pouvoir législatif et exécutif, mais on peut concevoir d'autres distributions des pouvoirs entre ces dépositaires de la souveraineté. Dans tous les cas le pouvoir exécutif devra participer au pouvoir législatif, et celui-ci influer sur le pouvoir exécutif.

§. 390.

Il serait inutile de suivre par la multitude de divisions et de subdivisions les modes possibles d'existence que les formes mixtes peuvent revêtir. Il suffira de faire observer que ces formes pareillement se laissent diviser en monarchiques et républicaines. Elles sont monarchiques aussi long-temps qu'une partie quelconque du pouvoir de l'État est confiée en toute souveraineté, et sans la moindre responsabilité, à une personne physique.

§. 391.

La monarchie héréditaire est le meilleur des Gouvernemens possibles.

À l'intérieur la liberté des citoyens peut être menacée d'un grand nombre de dangers provenans du pouvoir même qui est appelé à la protéger. Car les dépositaires de la souveraineté peuvent dans des vues d'intérêt personnel se servir de leur pouvoir pour comprimer les droits des citoyens ou la liberté individuelle. Comment prévenir un pareil envahissement? Afin de garantir dans l'État les droits des citoyens, ou la liberté individuelle, il n'existe en définitive qu'un seul moyen, non pas d'une bonté parfaite et absolue, mais le meilleur qui puisse être adopté en fait de choses humaines, savoir, celui de supprimer autant que possible la différence entre l'intérêt privé et l'intérêt public. Ce moyen n'est praticable que sous le Gouvernement monarchique héréditaire. Car dans un pareil régime le Monarque n'est riche qu'autant que le sont ses Sujets, et n'est puissant qu'à proportion des lumières de son peuple. La plus grande richesse nationale possible, et la plus grande civilisation du peuple sont par conséquent le plus haut intérêt privé d'un Monarque héréditaire. Or le bien-être et la civilisation du peuple ne prospèrent que par la justice et la liberté et sont anéantis par le despotisme et l'injustice. Et s'il est prouvé par l'économie politique combien sont préjudiciables les restrictions apportées dans la meilleure intention du monde à la liberté de l'industrie, combien ne doivent pas l'être à plus forte raison celles qui proviennent de la malveillance et de l'injustice? Donc la monarchie héréditaire est l'unique régime où la justice du Gouvernement et la liberté des citoyens constituent l'intérêt privé et absolu du Souverain, l'unique régime où les Sujets soient tout-à-fait sûrs de la bienveillance du Prince. Car toute injustice d'un Monarque héréditaire envers ses Sujets est un poignard qu'il s'enfonce lui-même dans le coeur.

XII.

Des changemens de la forme du Gouvernement.

§. 392.

Du droit de changer la forme du Gouvernement.

Dès que le contrat de sujétion est conclu, le Souverain n'a point le pouvoir de changer la forme du Gouvernement. Car il ne peut conserver un droit que sous les conditions sous lesquelles il lui a été délégué.

Note. Même dans une Démocratie la majorité ne peut point changer la forme du Gouvernement, si cela n'a pas été expressément statué par elle. Car cette majorité n'a pas plus de droits que le Souverain dans une monarchie.

§. 393.

Le peuple de son côté ne peut non plus sans raison particulière changer la forme du Gouvernement. Car le contrat de sujétion établit entre les deux personnes morales, la Souveraineté et la Sujétion, des droits et devoirs parfaitement égaux, et le devoir de l'obéissance envers le Souverain, devoir qui découle de ce contrat, serait annulé par un droit du peuple de changer sans aucune raison la forme du Gouvernement. En conséquence, supposé même que le peuple possédât en réalité un droit de cette nature, il serait prudent, il serait absolument nécessaire qu'il y renonçât. L'intérêt public l'exigerait indispensablement. En raison de cette loi de prudence et de nécessité, on doit même admettre qu'une pareille renonciation a été faite en réalité dans le contrat de sujétion. Car c'est une contradiction manifeste que de s'engager à l'obéissance, et de se réserver le droit de ne point obéir toutes les fois, et aussi souvent qu'on le juge à propos.

Note. C'est donc dans l'intérêt du peuple même, et non pas dans celui du Prince, qu'il n'ose pas changer de sa propre autorité la forme du Gouvernement. Rien de plus extravagant que la question, si le droit d'un seul (du Prince) peut entrer en considération lorsqu'il s'agit du droit de plusieurs millions d'individus. Décidément le droit d'un seul est aussi sacré que celui d'un million d'hommes. D'ailleurs peut-il exister contradiction entre droit et droit? Il y a plus; cette question ne saurait pas même être soulevée dans ce cas ci, car la souveraineté est à la sujétion de ces millions comme un est à un.

§. 394.

Mais la forme du Gouvernement peut être changée d'un commun accord par le Souverain et le peuple, ce qui a lieu pareillement lorsque le Souverain a d'avance obtenu plein pouvoir d'apporter dans la forme du Gouvernement les changemens qu'il juge convenables.

§. 395.

Hors de là, la tyrannie des dépositaires du pouvoir souverain peut seule être une raison légitime de changer la forme du Gouvernement. La tyrannie rend impossible l'accomplissement du devoir de l'obéissance des Sujets envers l'autorité souveraine.

Note 1. Nous ferons observer cependant que jamais une révolution violente n'a produit assez de bien pour compenser seulement la millième partie du mal qu'elle a causé. Le plus grand des malheurs attachés aux révolutions est, non pas la perte des hommes, mais bien celle de la moralité. En effet peut-il en être autrement? Est-ce la raison qui produit les révolutions? et dans l'orage des passions la raison peut-elle conserver son empire? Comment a-t-on pu croire sérieusement à la possibilité de créer en France après le 14. Juillet 1789, ou même après le 5. Octobre une constitution basée sur la philosophie?

Note 2. Philippe II. tyrannisa les Pays bas. Si les habitans de ce pays eussent persévéré dans leur soumission à ce Prince, ils n'auraient pu s'acquitter de leur devoir de servir Dieu suivant leur conviction. La constitution légitima leur résistance.

§. 396.

Si dans les changemens de constitution les possesseurs de la propriété mobiliaire ont voix en chapitre.

Les membres sous protection, ou les possesseurs de la propriété mobiliaire n'ont jamais droit de suffrage dans les changemens de la forme de Gouvernement. Car comme ils ne concluent point le contrat de sujétion simultanément avec les propriétaires territoriaux, ils ne peuvent pas non plus le dissoudre. En outre, ils sont les maîtres de quitter à chaque instant l'État, dont la constitution leur déplait.

§. 397.

Droit des propriétaires fonciers dans les révolutions.

Toute révolution autorise les propriétaires fonciers à dissoudre pareillement le contrat de réunion, s'ils n'approuvent pas la nouvelle constitution. Car le contrat de sujétion est une condition du contrat de réunion.

II.

DROIT ECCLÉSIASTIQUE NATUREL.

DROIT ECCLÉSIASTIQUE NATUREL.

I.

Religion.

§. 398.

Définition.

La religion est l'ensemble des principes sur notre rapport à la Divinité, en tant que ces principes doivent servir à déterminer nos actions et pensées.

Note. Théologie. Ces principes prennent la qualification de *Théologie* du moment qu'on en fait un objet de savoir et de recherches scientifiques. La religion et la Théologie ne diffèrent donc entr'elles que relativement à la manière dont elles sont appliquées, et non pas relativement à leur objet. Les principes sur le rapport de l'homme envers Dieu sont Théologie quand on les considère comme un objet du savoir humain, ils deviennent religion, quand on les envisage comme mobiles ou ressorts de nos actions et de nos pensées.

§. 399.

Division des religions.

Toutes les religions se laissent ramener à deux classes. Car ou bien elles représentent la Divinité comme un Être qui exerce sur le bonheur ou le malheur de notre destinée une influence puissante ou toute-puissante — on peut dès-lors les appeler *religions sensuelles* — ou bien elles représentent l'Être suprême principalement comme un Juge et Législateur moral, et ces religions peuvent être comprises sous le nom de *religions morales.*

Note 1. La représentation de la Divinité comme un Être exercant sur le bonheur et le malheur des hommes une influence ou puissante ou toute-puissante est le caractère propre de ce que nous appelons *paganisme.*

Note 2. Indépendamment de ce qu'on appelle d'ordinaire religion naturelle, on ne peut compter au nombre des religions morales que les religions positives qui se fondent sur les Livres saints, savoir le Christianisme, le Judaïsme, et le Mahométisme, ou l'Islamisme.

§. 400.

a) *Religions sensuelles.*

Les religions sensuelles n'ont absolument aucune valeur morale, et nuisent même à la moralité. Car comme elles considèrent le courroux et la faveur des Dieux comme entièrement indépendans de nos bonnes et mauvaises maximes, elles enlèvent à la moralité un puissant appui, et de plus, elles impriment à notre tendance vers la félicité le caractère solennel et mystérieux du surnaturel — caractère qui n'appartient qu'à la sainteté de la vertu.

§. 401.

b) *Religions morales.*

La dignité et la sainteté des religions morales consistent en ce qu'elles secondent et favorisent la moralité.

Note. Pour les êtres raisonnables l'unique valeur absolue est celle de la moralité. Tout n'a plus ou moins de prix qu'autant qu'il se rapporte plus ou moins à la moralité.

§. 402.

Liberté de croyance.

Par la nature de son être l'homme a la liberté de croyance, ou le droit d'adopter et de croire sur son rapport à Dieu tels principes que commande sa conviction. Car il est en droit de faire tout ce qui ne viole pas les droits d'autrui. Il est même physiquement impossible de comprimer cette liberté de conscience, et l'injustice peut bien arracher, par la force, des aveux mensongers, et produire l'hypocrisie, mais non jamais produire forcément une conviction intérieure.

II.

Culte divin.

§. 403.

Définition.

L'ensemble des actes auxquels on est déterminé par les préceptes d'une religion donnée s'appelle *culte divin.*

Note. Sous le rapport du culte, les religions sensuelles se distinguent très-essentiellement des religions morales, en ce que les premières ne connaissent qu'un culte extérieur, et que les autres admettent à la fois un culte extérieur et un culte intérieur.

§. 404.

Nature du culte divin des religions sensuelles.

Le culte divin des religions sensuelles n'est qu'un prétendu moyen d'obtenir la faveur des Dieux à l'aide de choses entièrement étrangères à la moralité; d'où il suit qu'il est aussi contraire à la moralité que le sont elles-mêmes toutes les religions sensuelles. Il se compose d'une multitude de rites et d'actes pratiqués en vue d'appaiser la colère des Dieux, ou de gagner leur faveur. Il est un pur jeu de la superstition, qui peut être embelli par les arts, et habilement employé par la politique, mais qui ne saurait avoir aucune valeur morale, et n'est par conséquent d'aucun prix véritable.

§. 405.

Sans doute, on ne saurait inférer de là le droit d'interdire ce culte, aussi long-temps du moins qu'il ne détermine pas un homme à des actes injustes, mais d'un autre côté un semblable culte ne saurait jamais devenir un objet de recherches et d'investigations juridiques.

§. 406.

Nature du culte des religions morales.
a) *Intérieur.*

Le culte des religions morales est ou ***intérieur*** ou ***extérieur***. Il est intérieur lorsque la religion sert de ***motif*** aux actes dont il se compose, en d'autres termes, lorsque ces actes sont inspirés par des sentimens religieux, soit que ces sentimens demeurent dans l'intérieur de l'âme, ou qu'ils se révèlent comme des faits dans le monde des phénomènes.

Note. Le culte intérieur comprendra par conséquent toute élévation de l'âme à laquelle on est porté par la religion, toute bonne action à laquelle on a été déterminé par piété. Car la piété n'est autre chose que la moralité influée par la religion; c'est une conviction sacrée, et une observation religieuse de la loi en esprit et en action par respect pour le législateur.

§. 407.

On ne saurait donc concevoir aucun culte intérieur sans une religion ***subjective***, c.-à-d. sans une religion professée par foi et conviction de la part de l'agent.

§. 408.

b) *Extérieur.*

Le culte des religions morales est extérieur lorsque la religion sert de *fin* aux actes dont il se compose, ou en d'autres termes, lorsque ces actes ont pour but l'instruction et la représentation sensible des vérités d'une certaine religion.

§. 409.

Le culte extérieur suppose donc une religion *objective*; en d'autres termes, il suppose qu'il soit constant, des principes de quelle religion on recherche l'instruction et la représentation sensible.

§. 410.

Liberté de conscience.

L'homme a la liberté de conscience, ou du culte intérieur. C'est le droit de déterminer ses actions suivant ses convictions religieuses — bien entendu que ces actions ne soient pas attentatoires aux droits d'autrui. Car tout ce qui ne porte pas atteinte aux droits des autres est conforme aux règles de la justice extérieure, est par conséquent licite ou permis. Mais comme notre devoir juridique doit l'emporter sur tout devoir moral quelconque, celui qui serait assez malheureux pour que sa foi, ou sa religion subjective, lui imposât de prétendus devoirs attentatoires aux droits juridiques d'autrui — devoirs qui en qualité d'affirmatifs seraient purement moraux (voir le Droit naturel pur §. 34.), n'oserait point les remplir.

Note. La liberté de croyance, comme nous venons de le dire, est illimitée en elle-même. Tout ce qui touche notre conviction, notre croyance, et notre profession de foi ne peut jamais être attentatoire aux droits d'autrui; or tout ce qui ne porte pas atteinte aux droits d'autrui, juridiquement parlant, est permis ou licite. — *La liberté de conscience* est déjà plus circonscrite. Car notre culte intérieur exige aussi l'accomplissement à l'extérieur d'un devoir que nous croyons être un devoir de religion. Or un sombre fanatisme peut souvent persuader les hommes à regarder comme un devoir de religion, ce qui viole les droits d'autrui. La liberté de conscience ne saurait donc jamais s'étendre au point d'autoriser par exemple un Ministre du culte à voler et à assassiner pour des fins de religion, lors même que par fanatisme il crût véritablement remplir un devoir de religion en se portant à de semblables attentats.

§. 411.

Liberté de religion.

L'homme a pareillement la liberté de religion; c'est la liberté du culte extérieur, ou le droit de l'homme de célébrer ce culte conformément aux préceptes d'une religion choisie par lui. Car comme chacun est fondé à faire tout ce qui ne préjudicie pas aux droits d'autrui, il serait insensé d'avancer que l'on puisse empêcher quelqu'un de s'instruire des principes d'une religion, et de se les rendre sensibles d'une manière qui ne nuit à personne.

Note. La restriction signalée dans le §. précédent, à laquelle est soumise la liberté de conscience, est bien plus évidente par rapport à la liberté de religion, ou du culte extérieur, depuis que l'histoire nous a offert des exemples de culte extérieur attentatoire aux droits d'autrui. Un singulier humaniste à Leyde était tellement enthousiasmé des anciens qu'il ne se montrait jamais que revêtu d'une toge romaine. Il se faisait apporter sur une table à trois lits (*triclinium*) des mets apprêtés suivant les principes d'Apicius, il croyait sérieusement à Jupiter, à tous les Dieux de l'Olympe et du Panthéon, et leur rendait un culte. Tant qu'il se borna à leur offrir dans l'intérieur de son habitation de l'encens et des libations, personne assurément n'eut le droit de l'en empêcher. Mais dès qu'il commenca à ériger un autel dans la cour de sa maison, et à y sacrifier des animaux, de manière que les maisons des voisins furent menacées d'incendie, la police eut assurément fort raison de lui interdire l'exercice de son culte. — On peut en dire tout autant de la liberté d'Église.

III.

Église.

§. 412.

Définition.

Par Église on entend une société qui s'est formée dans le but de célébrer en commun, suivant les préceptes d'une religion morale, un culte extérieur.

§. 413.

Les religions sensuelles n'ont point d'Église.

Une Église qui aurait pour but de célébrer le culte suivant les préceptes d'une religion sensuelle, à l'instar de toute société contraire à la moralité, n'emporterait ni droits, ni obligations.

Note. On n'a jamais appelé *Église* la société pour l'exercice du culte des Païens. En effet comment pourrait subsister *de droit* une société qui viole pour le moins indirectement, si non la loi du juste et de l'injuste, du moins la loi morale, ainsi que le font, suivant notre avis prouvé plus haut, les religions et les cultes sensuels. Une association pour un culte de cette nature n'a jamais subsisté par elle-même, parce que le droit ne cesse jamais d'être présent à l'esprit des hommes et de les guider lors-même qu'ils n'en ont point une représentation claire et distincte; elle n'a pu subsister tout au plus que comme une institution de l'État. Les religions des Païens n'ont été et ne sont que des chapitres de leur droit public. Chez eux l'Église et l'État furent absolument identiques (§. 3. et 7.).

§. 414.

But de l'Église.

Sans doute, le culte intérieur devrait être raisonnablement le but suprême des membres individuels, mais jamais il ne saurait être celui de l'Église.

Car, juridiquement parlant, aucune société ne saurait être conçue sans un but commun. Or tout ce qui concerne la foi ou l'édification peut bien être le but de l'individu, mais non celui de la société. Et d'ailleurs, dans le sens juridique, il faut que toute société délègue des droits extérieurs. Or comment une semblable délégation serait-elle possible relativement à ce qui ne concerne que l'intérieur de l'homme? Comme société extérieure, l'Église ne peut donc avoir qu'un but extérieur, savoir le culte extérieur.

Note. Sans doute qu'en exercant le culte extérieur, tout homme sensé, et d'un caractère moral, a principalement en vue son édification, c.-à-d. l'excitation de la piété, par conséquent le culte intérieur. En ce sens, on peut dire avec juste raison que le culte intérieur est non-seulement le but de l'Église, mais qu'il est même sa fin suprême et dernière. Cependant quelque vrai que cela soit sous le rapport *moral*, la science du droit naturel n'en peut pas pour cela reconnaître *juridiquement* le culte intérieur pour but de l'Église, considérée comme une société extérieure. Car, en qualité d'institut extérieur, en qualité de personne dans le sens juridique, toute société doit et veut constituer des droits sociaux et des droits réciproques de ses membres. Or comment établir un droit sur ce qui est purement intérieur? La nature du culte intérieur, lequel ne peut être exercé que par chaque individu pour son propre compte, emporte qu'aucune société ne peut se former dans le but d'exercer en commun ce genre de culte. D'ailleurs, autre est le but de la société comme telle, et autre celui des membres qui s'y affilient. Quiconque achète des actions de la compagnie des Indes orientales devient membre de cette société. Son intention est incontestablement de placer son argent avec sûreté, mais le but de la compagnie n'en reste pas moins de commercer avec les Indes orientales, et non pas de placer avec sûreté les fonds de la compagnie. Il en est de même de l'Église. Quiconque en devient membre peut avoir en vue de s'édifier, de s'exciter à la piété et de se proposer ainsi pour but son culte intérieur, mais le culte extérieur n'en forme pas moins pour cela le but de l'Église entière, en qualité de société extérieure. Autrement ne faudrait-il pas que l'Église fût en droit de régler notre culte intérieur? Même le Catholicisme, qui admet un pareil gouvernement intérieur des âmes et des consciences, est cependant bien éloigné de le dériver de la nature même de l'Église; bien au contraire, il établit que ce gouvernement est d'institution divine.

En bornant ainsi le but de la fondation de l'Église, en qualité de société extérieure, au culte extérieur, on n'ôte à l'Église rien de sa dignité, et l'on ne favorise nullement un indifférentisme en matière d'Église. Car ce culte extérieur ne doit-il pas en définitive former les membres de l'Église au culte intérieur et leur inspirer la piété et la moralité? En conséquence, quiconque pour des intérêts temporels abandonne l'Église, et s'incorpore à une autre, vend évidemment son âme et échange le sacré contre le vil et le méprisable. Ne croit-il aux dogmes ni de l'une ni de l'autre, désavoue-t-il et tourne-t-il même en dérision la doctrine de la communion qu'il abjure, et celle de la nouvelle communion qu'il embrasse, l'hypocrisie avec laquelle il se déclare pour la nouvelle Église n'en est que plus méprisable.

§. 415.

Liberté d'Église.

La liberté d'Église est le droit de tous les hommes de se réunir en société pour célébrer en commun le culte extérieur.

Comme cette liberté ne porte pas atteinte aux droits d'un tiers, il serait d'autant plus injuste et révoltant de l'entraver qu'il s'agit principalement ici d'un véhicule de la moralité.

§. 416.

Il suit de là qu'aucun homme n'a le droit de contraindre un autre de s'associer avec lui à une Église, dût-il

même avoir la conviction que cette Église a été instituée par Dieu même comme unique Église béatifique.

Car posé même qu'il existât un devoir de forcer les autres à la béatitude, ce devoir, en qualité d'*affirmatif*, ne serait pourtant que purement *moral* (droit naturel §. 34.) et devrait par conséquent le céder au devoir *juridique* plus impérieux, qui nous ordonne de respecter le droit inné des autres hommes sur leurs actions, et à plus forte raison, de considérer comme sacré et inviolable tout ce qu'ils se croient obligés de faire pour leur édification et la prospérité de leur moralité.

IV.

Contrat de réunion.

§. 417.

Fondement juridique de toute Église.

À l'instar de toute société quelconque, l'Église repose et se fonde sur un contrat qui, de même que le pacte social, se compose d'un contrat de réunion, et d'un contrat de soumission. Par le contrat de réunion, duquel résulte la volonté générale du but de l'Église, les membres conviennent unanimément de célébrer en commun le culte divin.

§. 418.

Symbole, résultat immédiat du contrat de réunion.

Ce contrat suppose et emporte la fixation des dogmes et principes de religion suivant lesquels le culte divin doit être célébré. Car une religion objective (§. 409.) doit servir de base à tout culte divin, par conséquent aussi à celui qui est exercé en commun. Veut-on célébrer en commun un culte extérieur, il faut avoir fixé à l'unanimité les principes de religion qui doivent le déterminer, et aucun membre ne peut avoir le droit de choisir pour les autres les vérités de religion dont ils ont à s'instruire, et que par des signes visibles ils doivent se rendre sensibles.

Note. Lorsque des hommes se réunissent en Église pour exercer en commun le culte divin, ils conviennent entr'eux de s'instruire mutuellement des vérités de la religion, ou de sel es rendre sensibles. Car cette instruction mutuelle, et cette représentation sensible ou emblématique des vérités de la religion sont ce qui constitue le culte divin extérieur. Mais pour s'instruire mutuellement de ces vérités et pour se les rendre palpables, ne faut-il pas, ou qu'ils décident d'un commun accord de quelle nature doivent être ces vérités, ou qu'ils abandonnent ceci à la prudence des chefs de l'Église, ou des Ecclésiastiques? Or quelqu'un pourra-t-il vouloir sérieusement cette dernière alternative? Quelqu'un pourra-t-il croire, qu'une Église puisse subsister dans laquelle un des Ecclésiastiques enseignerait le Judaïsme, un autre le Mahométisme, un troisième la doctrine des Papes, un quatrième celle de Socinus, et où le même Ecclésiastique, en changeant d'opinion, enseignerait aujourd'hui les dogmes du Docteur Barth, demain celle des Anabaptistes? Le Sauveur du genre humain doit-il être adoré aujourd'hui comme Fils de Dieu, et cette adoration doit-elle pouvoir être déclarée demain pour idolâtrie? Abstraction faite même des schismes qui déchireraient et finalement anéantiraient l'Église naissante, et de l'absence de toutes bonnes fins qu'elle présenterait, de quel pouvoir infini n'investirait-on pas les Ecclésiastiques en leur abandonnant d'enseigner telles vérités qu'ils jugeraient à propos! Tout Ecclésiastique aurait dès-lors le droit de faire de sa religion *subjective* une religion *objective* de sa commune. Un pareil pouvoir serait bien plus redoutable que la domination la plus absolue sur les consciences à laquelle les Papes aient jamais aspiré.

Concluons donc, que pour que l'Église, qui veut enseigner et rendre sensibles des vérités de la religion, sache quelles sont ces vérités, il est nécessaire de fixer dans un Symbole des points de doctrine, non pas pour être crus, mais pour servir de règles à suivre dans l'exercice du culte divin.

§. 419.

Une pareille fixation des dogmes qui doivent servir de fondement au culte extérieur est ce qu'on appelle un *Symbole.*

§. 420.

Si l'Église peut contraindre ses membres à croire aux dogmes du Symbole.

L'Église n'a aucun droit d'exiger de ses membres qu'ils croient aux dogmes fixés dans le Symbole. Sans doute, il serait fort insensé de s'agréger à une Église, ou de demeurer dans une communion dont la religion objective serait en contradiction avec notre religion subjective, notre culte intérieur, ou notre foi. Mais quelques déviations dans les dogmes n'empêchent pas encore qu'un homme ne puisse trouver dans cette Église, ou communion, la plus grande édification possible, et par conséquent y demeurer. Mais par rapport à l'Église elle-même, il n'a d'autre devoir que celui de célébrer avec elle le culte divin; le contrat de réunion n'emporte absolument rien de plus.

§. 421.

Aucun membre ne saurait même valablement s'engager à demeurer pour toujours dans cette Église.

Car par son association à l'Église il ne s'est engagé qu'à des actes extérieurs, qui ont pour objet de célébrer en commun le culte extérieur. Toutefois il s'agit dans ces actes d'un moyen de s'édifier, d'un véhicule de la moralité. Or personne n'osant renoncer à un véhicule de ce genre, il doit être libre à chacun d'abandonner l'Église du moment que ses convictions n'étant plus les mêmes, il ne trouve plus à s'édifier dans le culte de cette Église (car l'Église ne peut exercer aucun droit sur les consciences); ou que pour d'autres motifs il juge convenable de se séparer de la communion de l'Église.

§. 422.

Droits et devoirs qui résultent du contrat de réunion.
a) *Pour les membres.*

Le contrat de réunion confère à chaque membre le droit de participer au culte commun (§. 417.).

§. 423.

Mais en retour il lui impose le devoir, non-seulement de ne pas mettre obstacle au but de l'Église, mais aussi de concourir à l'atteindre.

§. 424.

b) *Pour l'Église elle-même.*

En vertu du contrat de réunion, l'Église elle-même revêt le caractère d'une personne morale relativement à tous ceux qui sont hors de son giron.

V.

Du contrat de sujétion.

§. 425.

Sa nécessité dans toute société de religion.

Ainsi que dans l'État et dans toute société quelconque, de même dans l'Église il est indispensablement nécessaire de déléguer, par un contrat de sujétion, soit à la majorité des voix de tous les membres, soit à une personne, ou physique, ou morale, le choix des moyens propres à atteindre le but de l'Église. Car même dans l'Église primitive du Christianisme l'union fraternelle, qui n'eut qu'*une* volonté, ne subsista pas long-temps. Pour la stabilité de toute société de religion il est donc physiquement nécessaire de déléguer la volonté générale quant au choix des moyens d'atteindre le but de l'Église.

§. 426.

Pouvoir Ecclésiastique.

Le pouvoir Ecclésiastique (*potestas ecclesiastica*), est par conséquent le droit unanimément délégué par tous les membres de l'Église de choisir au nom de tous, les moyens d'atteindre le but de l'Église.

§. 427.

Sa possibilité morale.

Il est moralement possible de déléguer un pareil droit ou pouvoir. Car le but de l'Église, comme société, n'étant qu'extérieur (§. 414.) rien ne s'oppose à ce qu'elle ne puisse déléguer un pareil droit sur ses actes extérieurs.

Note. Sans doute, si le culte intérieur pouvait être l'objet de contrats extérieurs, et par conséquent aussi de l'Église, comme société, une pareille délégation d'un pouvoir Ecclésiastique serait impossible; car dès-lors l'unanimité, et non pas la pluralité même la plus grande, pourrait seule décider souverainement. Mais comme le but de l'Église n'est qu'extérieur, il est difficile de concevoir pourquoi l'on ne voudrait admettre dans l'Église qu'une unanimité absolue.

§. 428.

Double personnalité morale dans l'Église.

Le contrat de sujétion établit dans l'intérieur de l'Église une double personnalité morale; savoir, celle du pouvoir Ecclésiastique (soit qu'il réside dans un Sénat ou Collège, dans la majorité [Presbytère ou Synode], ou dans une personne physique [Évêque]), et celle de la sujétion Ecclésiastique.

§. 429.

Limites de l'une et de l'autre.

Mais ce pouvoir et cette sujétion Ecclésiastiques sont limités, d'abord, par le but général de toute Église, ensuite, par les dispositions spéciales du contrat de réunion d'une Église donnée.

§. 430.

Limites du pouvoir Ecclésiastique.

En conséquence tout ce qui concerne le culte intérieur ne peut jamais être du ressort du pouvoir Ecclésiastique.

Note. Suivant les principes de l'Église Catholique le pouvoir Ecclésiastique en matière de foi (*regimen internum*), dogme adopté par elle et rejeté par l'Église Protestante, est d'institution divine.

§. 431.

Le pouvoir Ecclésiastique ne peut apporter aucun changement dans tout ce qui a été fixé par le Symbole de l'Église relativement au culte extérieur.

Note. Les Livres symboliques, en qualité de lois fondamentales, circonscrivent en matière d'Église le pouvoir souverain qui sans eux serait illimité. Ainsi l'autorité Épiscopale de tout Souverain Protestant est limitée par les Livres symboliques. La célébration du Dimanche, l'Ordre Ecclésiastique, les prières à la Trinité, la Ste Cène, étant des points fondamentaux du Symbole de l'Église Protestante, aucun Prince Protestant ne pourrait donc les changer. Mais il est le maître d'abolir l'exorcisme, la confession auriculaire, des jours de fête superflus, et d'autres objets de ce genre.

§. 432.

Le pouvoir Ecclésiastique n'a donc d'autres droits et devoirs que ceux d'avoir soin de tout ce qui a rapport au culte extérieur.

§. 433.

Mais en retour les membres de l'Église, aussi long-temps qu'ils veulent continuer de l'être, ont l'obligation d'obéir au pouvoir Ecclésiastique en tout ce qui concerne le culte extérieur.

VI.

Droits et devoirs extérieurs de l'Église.

§. 434.

Relativement aux étrangers.

Le rapport de l'Église aux étrangers, soit individus, soit sociétés, est le même que celui de personne à personne.

§. 435.

Il suit de là que pour se répandre et se propager elle ne peut point user de moyens violens et frauduleux.

§. 436.

Relativement à l'État.

Existe-t-elle dans l'État, elle est soumise à l'État, à l'instar de toute autre personne physique ou morale qui vit dans l'État. Car si le culte intérieur était le but immédiat de l'Église, aucune institution ne serait aussi sacrée que l'Église; elle aurait le plus haut prix moral et devrait l'emporter sur toute autre relation quelconque. Mais comme son but n'est qu'extérieur, elle doit le céder à l'État, qui garantissant notre existence comme êtres moraux, par cela même est plus intimément en rapport avec notre moralité que l'Église.

Note. On peut relativement à cette matière embrasser deux points de vue tout-à-fait différens, savoir, le point de vue du droit, et de la politique, et celui de l'humanité. Sous le rapport de l'humanité, l'État et l'Église se présentent comme deux sociétés d'une égale importance, savoir, l'une comme un institut Ecclésiastique, l'autre comme un institut séculier. Sous le rapport du droit et de la politique au contraire l'une de ces sociétés doit se présenter comme subordonnée à l'autre. Dans le premier point de vue l'Église, en qualité d'institut de civilisation d'un ordre supérieur, semble être aussi sacrée et inviolable que l'État. Envisagées sous cet aspect, les deux sociétés ont été représentées par quelques écrivains sous l'emblème de deux glaives que l'Être suprême a envoyés du Ciel pour protéger la Chrétienté, et dont il a mis, l'un entre les mains du Pape, et l'autre entre celles du chef de l'État. C'est dans ce sens que l'on reconnaît un double droit, savoir le droit spirituel et le droit séculier. Mais dans le point de vue du droit et de la politique l'Église se présente comme subordonnée à l'État. Car, ainsi que toute autre société quelconque, ainsi que tout individu en général, l'Église réclame de l'État protection et sûreté; elle est par conséquent obligée de lui rendre obéissance.

Tout ce qui concerne le rapport de l'Église envers le Corps social est évidemment du ressort de la police de l'État, et quoique dans le point de vue de l'humanité la haute destination de l'Église, en qualité d'institut de civilisation suprême de l'homme, semble l'emporter sur le but de l'État, en revanche l'Église, dans le point de vue du droit, est à considérer comme subordonnée à la police de l'État, *premièrement*, parce qu'elle réclame du Gouvernement protection et sûreté; *secondement*, parce que dans l'État elle peut exercer une influence extérieure très-variée sur le Corps social et sur ses membres, *troisièmement* enfin, parce que dans l'État elle est un institut purement extérieur. Et envisagé comme société extérieure, l'État aussi ne peut point jouir d'un moindre degré d'inviolabilité extérieure que l'Église. Car si l'Église civilise l'homme, en revanche l'homme n'existe comme être raisonnable que par l'État. Or la condition première de toute civilisation est l'existence. Tout homme animé du sentiment le plus pur et le plus vif pour la sainteté de la religion et de l'Église ne se trouvera par conséquent point blessé de ce que l'Église doit être subordonnée à la police de l'État.

§. 437.

Droits et devoirs de l'État relativement à l'Église.

Aucune police de l'État ne saurait changer les règles absolues et immuables du droit. Voilà pourquoi la liberté de conscience demeure aussi illimitée dans le sein de l'État qu'elle le serait hors de l'État. Il ne doit même être défendu à aucun Sujet de professer publiquement sa foi; car tout ce qui ne porte pas atteinte aux droits d'autrui est conforme à la loi du juste et de l'injuste. Mais dans de certains cas l'État est en droit d'apporter des modifications à l'exercice de la liberté de conscience, de religion et d'Église, modifications qui se fondent sur la condition à laquelle ces libertés sont restreintes, savoir, de ne point porter atteinte aux droits d'autrui ni par le culte extérieur ou intérieur, ni par un certain régime des Églises.

§. 438.

Comme il appartient uniquement à l'État de juger de la garantie des droits et des mesures qu'elle exige, tout rapport de l'Église vis à vis de l'État est fixé par les trois droits que les Publicistes sont dans l'usage d'établir, savoir, le droit d'admettre, le droit de surveiller, et le droit de protéger l'Église.

§. 439.

1° Droit d'admettre l'Église.
(Jus reformandi.)

Le droit d'admettre l'Église (*jus reformandi,* terme que dans les temps de la Réformation l'usage a consacré) est le droit du Gouvernement de décider, si, et sous quelles conditions, il doit être permis à une Église de s'établir dans le sein de l'État.

§. 440.

Ce droit de permettre ou de prohiber l'existence d'une Église ne saurait être refusé à l'État. L'histoire prouve que les hommes se sont réunis en sociétés religieuses pour professer des dogmes qui, si on les tolérait, anéantiraient tout État quelconque et avec lui l'humanité même. Pourrait-on tolérer une Église qui enseignerait qu'il ne faut point obéir aux autorités? Un État monarchique pourrait-il tolérer dans son sein une Église qui réprouverait cette forme de Gouvernement comme étant attentatoire à l'autorité de l'Être suprême? Une République pourrait-elle tolérer dans son sein une secte religieuse qui adorerait un Dalai-Lama aux commandemens duquel elle se croirait obligée d'obéir plus qu'aux ordres de l'administration?

En outre, il peut arriver que des sectateurs ou prédicateurs nuisissent, non pas en général, mais en particulier à un État donné, ou seulement dans de certaines situations de cet État.

§. 441.

Vu ces raisons, tout État doit avoir le droit de soumettre à un examen le Symbole d'une Église pour pouvoir décider, s'il peut ou non, l'admettre. Déjà sous ce rapport, et afin d'être à portée de prouver à l'État l'essence de sa communion et l'innocence de ses dogmes, aucune Église ne saurait se passer de Symbole.

Note. Si une société de Protestans voulait établir une Église de sa communion dans une ville située dans le centre de l'Espagne et dominée depuis des siècles par l'esprit monacal le plus intolérant, pourrait-on blâmer le refus du Gouvernement espagnol de le lui permettre, refus motivé sur la juste crainte que l'intolérance du peuple n'éclatât en fureur et sédition? ou si le Gouvernement condescendait à la demande de cette société, pourrait-on lui faire un reproche des conditions auxquelles, dans la vue d'assurer le repos public, ou de protéger toute autre institution, le Gouvernement espagnol aurait subordonné son permis ?

§. 442.

Mais cette admission des sociétés réligieuses peut avoir pour objet les dévotions domestiques, ou le culte célébré dans l'Église.

§. 443.

Dévotions domestiques.

Les dévotions domestiques peuvent être exercées par tout père de famille de concert avec les siens sans qu'elles fixent sur elles l'attention publique (*devotio domestica simplex*). De pareilles dévotions domestiques, comme elles ne se manifestent par rien hors du sein de la famille, n'attentent aux droits de personne, et doivent par conséquent pouvoir s'exercer en toute liberté. Mais des dévotions domestiques qui se manifesteraient d'une manière ou d'autre hors du sein de la famille, et influeraient de la sorte sur le repos et la sûreté de l'État (*devotio domestica qualificata*), sont incontestablement soumises à la haute police de l'État, qui, selon l'exigence des cas, peut les permettre ou les interdire.

§. 444.

Exercice public de religion.

Au contraire l'existence d'une Église, comme d'une société formée pour exercer en commun le culte divin hors du sein des familles est ce qu'on appelle habituellement *exercice public de religion*, par opposition aux *dévotions domestiques*. D'après les considérations qui précèdent cet exercice public de religion est incontestablement du ressort du droit appartenant à l'État d'admettre, ou non, des sociétés religieuses.

§. 445.

Mais les droits que l'État est fondé à concéder à une Église publiquement admise peuvent varier à l'infini. C'est afin de pouvoir embrasser d'un coup d'oeil cette différence de droits et de prérogatives que l'on a adopté deux espèces d'Églises publiquement admises, savoir: *les Églises publiques* et *les Églises tolérées*.

§. 446.

Églises tolérées

On peut entendre par *Églises tolérées* toutes celles dont l'État, il est vrai, a permis l'existence dans son territoire, mais qu'il n'a point favorisées de tous les droits et de toutes les prérogatives des Églises publiquement admises. C'est ainsi que dans tous les pays où habitent des Juifs les Gouvernemens ont à la vérité permis l'existence des sociétés religieuses des Juifs et leur ont concédé le droit d'avoir des Églises. Mais nulle part les membres de cette communion ne jouissent de la plénitude des droits des corporations privilégiées, ou des communions publiquement reçues. Pour la plupart du temps il leur est défendu d'acquérir, à titre de société, des biens-fonds, d'accepter des legs, et de distinguer les édifices où ils se réunissent pour le service divin par des signes que l'usage accorde aux Églises ou temples proprement dits. Mais les degrés de cette tolérance peuvent également varier à l'infini, et conférer plus ou moins de droits des corporations privilégiées.

Note. Le terme de tolérance a souvent été trouvé inconvenant parce qu'on ne fit pas attention qu'il n'est question ici que de la tolérance des Églises et non pas de celle des hommes. Au reste le service divin des Églises tolérées est habituellement désigné par le terme d'exercice privé du culte (*exercitium religionis privatum*).

§. 447.

Églises publiquement reçues.

Les *Églises publiques* sont celles qui ont été favorisées de tous les droits des corporations ou sociétés approuvées par l'État. De pareilles Églises sont en droit de se montrer publiquement comme telles dans l'État même hors du lieu de leurs assemblées. Leurs Ecclésiastiques jouissent dans la société civile de toute la considération d'hommes supérieurs, et leurs temples sont en possession de toutes les distinctions accordées aux Églises.

§. 448.

Églises dominantes.

Parmi les Églises publiquement reçues il peut en exister qui soient favorisées de plus de prérogatives que les autres. On les appelle alors *Églises dominantes*. Si d'un côté la tolérance de toute Église non dangereuse à l'État est commandée par le droit et la politique, d'un autre côté le droit ne défend point à l'État, tandis que la politique au contraire peut lui ordonner, de s'attacher plus étroitement l'une ou l'autre Église, et de la considérer, de préférence à toute autre, comme une institution publique. De là sont nées partout *des Églises dominantes*, qui ne sont à réprouver que lors qu'elles considèrent comme un crime la déviation de leurs dogmes, ou qu'elles refusent de tolérer d'autres Églises à côté d'elles. Quand une Église, en qualité d'institut de civilisation, rend plus de services que d'autres communions, pourquoi l'État ne la récompenserait-il pas en la favorisant de prérogatives éminentes?

Note. Dans les pays qui ont embrassé le Christianisme, l'existence de la religion chrétienne, comme d'une Église dominante, s'explique par le caractère propre du Christianisme. En qualité de religion révélée, il fonde sa doctrine sur un document écrit dont le contenu renferme et suppose les ré sultats de la philosophie la plus profonde et la plus sublime. Pour scruter l'intérieur de cette religion et pour la bien comprendre, une étude des langues anciennes et de l'histoire ancienne, et même de la philosophie, est indispensablement nécessaire. Le Christianisme fit ainsi des sciences, qui sont le fondement de toute culture de l'esprit, un véritable besoin de religion; il embrassa la civilisation entière de l'humanité, et par cette raison devint lui-même un véritable besoin pour tous les hommes éclairés. Bien plus: au vulgaire il servit même de véhicule et de premier acheminement à une culture plus noble. Car les Ecclésiastiques eurent grand intérêt à propager le plus innocent de tous les arts, celui de savoir lire et écrire. Le catéchisme même de la doctrine chrétienne, par ses définitions rigoureuses d'idées abstraites, et par ses conséquences systématiques, exerçait d'une manière instructive l'esprit de la jeunesse des basses classes du peuple et fut pour elles ce que furent les mathématiques et la grammaire pour la jeunesse des classes supérieures. Pour l'instruction des vérités religieuses et de tout ce qui s'y rapportait, les Églises chrétiennes ont dû partout appliquer leurs fonds à la fondation d'écoles publiques. Il fallait y enseigner non-seulement l'art de lire et d'écrire nécessaires pour connaître par l'Écriture-sainte même l'histoire et les dogmes de la religion, mais aussi diverses autres connaissances succursales indispensables pour bien comprendre ces dogmes et cette histoire. C'est ainsi que l'Église créa un nombre toujours croissant d'écoles, même pour les hautes sciences, et dans lesquelles se formèrent et s'instruisirent non-seulement ceux qui se vouèrent à l'état Ecclésiastique, mais aussi ceux qui se destinèrent aux Emplois publics.

En conséquence, en adoptant l'Église chrétienne comme un institut de culte divin, l'État acquit en même temps une école d'instruction publique telle que le monde n'en avait jamais vue. Certes, si l'on eut pu réaliser ce projet qu'on avait conçu, de substituer au Christianisme une religion naturelle, qui n'exige aucun exercice de l'esprit, et pas même l'art de lire et d'écrire, le vulgaire serait tombé dans la barbarie la plus complète.

De ce qui précède il résulte donc que dans les États de l'Europe chrétienne l'Église est à considérer comme une école d'instruction publique. Or, en qualité d'institut de cette nature, il est impossible qu'elle n'importe pas à l'État, auquel par conséquent il ne saurait être indifférent quels dogmes elle professe, et de quelle manière elle les enseigne et les consacre.

§. 449.

2° Droit de l'État de surveiller l'Église.

Le droit de surveillance suprême en matière de religion est le droit de l'État, de veiller à ce que dans les Églises publiquement reçues il ne se passe rien de préjudiciable à l'État et à la sécurité publique. À l'instar de toute police de l'État en général, ce droit est purement négatif, et ne peut par conséquent jamais s'étendre jusqu'à prescrire à l'Église des règles sur son régime intérieur.

§. 450.

Mais la loi naturelle ne s'oppose point à ce que le pouvoir souverain de l'État puisse se charger du pouvoir Ecclésiastique. S'il est fondé à recevoir et à admettre publiquement l'Église sous de certaines conditions, qu'est ce qui l'empêcherait de ne l'admettre que sous la condition qu'elle lui confiât même le pouvoir Ecclésiastique?

Note. En élevant le Christianisme au rang de religion de l'État, les premiers Empereurs chrétiens de Rome s'attribuèrent en même temps le pouvoir suprême de l'Église et donnèrent toutes les lois canoniques que l'on retrouve encore dans les Codes de ces Princes. Et lors de la Réformation, les Souverains Protestans furent investis du pouvoir Ecclésiastique, non pas en vertu d'une cession des Évêques catholiques, qui au fond ne pouvaient guère faire un pareil transport de droit, ni par suite d'une concession de l'Église, laquelle ne s'est nulle part assemblée dans ce but, mais par une reprise directe du pouvoir de l'Église, vu que dès la reception publique du Protestantisme en qualité de religion de l'État, les Princes Protestans exercèrent de fait le pouvoir Ecclésiastique et n'admirent dans leurs États l'Église Réformée que sous cette condition. Au reste il n'est pas nécessaire de faire observer que tout Souverain qui réunit au pouvoir de l'État celui de l'Église est dès-lors limité par le Symbole autant que tout autre chef de l'Église.

§. 451.

L'histoire a malheureusement prouvé que la surveillance des Églises existantes donne beaucoup d'occupation à la police de l'État. Car il lui importe d'empêcher que l'intolérance des Ecclésiastiques ne suscite et ne propage la haine pour les concitoyens qui professent une autre religion; il lui importe de réprimer leur témérité de s'opposer aux mesures de l'État.

§. 452.

8° Droit de l'État de protéger l'Eglise.

En vertu de son droit de protection suprême, l'État est fondé à traduire par-devant ses tribunaux l'Église, non-seulement en qualité de défenderesse, mais aussi comme demanderesse. Toute société, il est vrai, peut avoir sa Justice particulière, de même que sa police et ses finances. En thèse générale, l'Église est donc fondée à connaître des différens Ecclésiastiques de ses membres, et même de leurs différens civils, si les parties en appellent à son arbitrage. Elle peut même, à l'instar de toute autre société, exercer une Justice pénale, et punir des contraventions d'après ses propres lois. Mais l'État ôte à toute société, comme à tout individu, le droit de se faire justice à soi-même. En conséquence aucune Église, comme en général aucune société quelconque dans l'État, ne peut décerner contre un de ses membres une peine à laquelle il ne se soumet point spontanément. La plus haute peine que l'Église puisse prononcer contre les membres les plus réfractaires est celle de l'exclusion. Toute atteinte à ses droits, portée par ses membres. laquelle ne saurait être expiée par la susdite peine, doit être poursuivie par l'Église devant les tribunaux de l'État. Là même, où une Jurisdiction aurait été conférée à l'Église par l'État, cette concession ne comporterait point une interprétation par extension.

§. 453.

Ainsi que tout Sujet quelconque, les dépositaires du pouvoir souverain de l'Église doivent donc dans l'État renoncer à se faire justice à eux-mêmes, et sont tenus de se pourvoir, ou de se laisser poursuivre en Justice (*advocatio ecclesiastica*) devant les tribunaux établis par le pouvoir judiciaire de l'État.

§. 454.

Sur la réclamation des membres de l'Église, l'État peut en outre contraindre les dépositaires du pouvoir Ecclésiastique à l'accomplissement de leurs devoirs, et les réprimer lorsqu'ils outre-passent les limites de leurs fonctions. Car dans l'État le pouvoir de l'Église et les membres de l'Église sont dépendans du pouvoir souverain de l'État.

§. 455.

Droits de l'État par rapport aux biens de l'Église.

Ainsi que toute société, l'Église peut acquérir de la propriété. Cette propriété, appliquée à des fins religieuses, est tout aussi inviolable que celle de toute autre société. Mais l'État peut frapper d'imposition les biens de l'Église de la même manière que toute autre propriété, et sa police est en droit de veiller à ce que la propriété de l'Église soit utilement employée. Car quiconque ne peut pas administrer lui-même ses droits est censé mineur et doit être mis sous tutèle. Or toute société quelconque, et par conséquent aussi l'Église, est inhabile à administrer ses droits, et doit abandonner ce soin à des préposés ou des tuteurs. Mais les tuteurs sont tous soumis à la tutèle supérieure de l'État; donc les préposés de l'Église le sont pareillement, et cette tutèle suprême de l'État consiste à veiller à ce que les biens de l'Église soient convenablement administrés et utilement employés.

VII.

Des pouvoirs de l'Église.

§. 456.

Division du pouvoir de l'Église.

Analysé dans son essence, le pouvoir de l'Église se divise pareillement en pouvoir législatif, inspectif et exécutif.

§. 457.

a) *Pouvoir législatif de l'Église.*

Le pouvoir législatif de l'Église est le droit de choisir les moyens propres à atteindre le but de l'Église.

§. 458.

Il peut aussi se manifester tacitement en tolérant l'introduction de coutumes.

§. 459.

Comme il emporte la volonté générale de tous les membres, il est de sa nature illimité. Mais, vu le rapport intime des objets de ce pouvoir avec la moralité des individus, et vu le droit de chaque membre de quitter l'Église dès qu'il le juge à propos, le pouvoir législatif sera tenu de tempérer sa rigueur.

§. 460.

La législation de l'Église est perpétuellement soumise à celle de l'État, lequel peut exiger qu'elle soumette préalablement ses lois à son approbation.

§. 461.

Les lois de l'Église ont-elles été sanctionnées par l'État, elles peuvent aussi imposer des obligations à d'autres régnicoles d'une communion différente. Car la sanction de l'État fait d'une loi de l'Église une loi de l'État.

§. 462.

b) *Pouvoir exécutif de l'Église.*

Le pouvoir exécutif de l'Église est le droit d'appliquer une loi donnée de l'Église aux cas individuels, afin de régler en eux tout conformément à cette loi.

§. 463.

Ce pouvoir comprend le droit d'investigation, le droit de décision, et le droit d'exécution.

§. 464.

À la vérité l'Église peut décerner des peines. Mais le membre contre lequel la peine est décernée refuse-t-il de s'y soumettre, l'Église n'a dans l'État d'autres moyens coërcitifs que l'exclusion et le pourvoi par-devant les tribunaux civils.

§. 465.

Dans l'État tout membre de l'Église est en droit de se pourvoir auprès du Gouvernement contre une décision de l'autorité Ecclésiastique. Ce pourvoi n'est point un appel, mais bien une plainte.

§. 466.

c) *Pouvoir inspectif de l'Église.*

Le pouvoir inspectif ecclésiastique est le droit de s'enquérir de tout ce qui regarde le but de l'Église, et cela dans l'intérêt du pouvoir législatif ou du pouvoir exécutif de l'Église.

§. 467.

Gouvernement de l'Église.

L'exercice de ces trois pouvoirs s'appelle Gouvernement de l'Église (*regimen ecclesiasticum*).

VIII.

Des objets du Gouvernement Ecclésiastique, ou de la Justice, de la Police, et des finances de l'Église.

§. 468.

Division du pouvoir Ecclésiastique suivant ses objets.

Considéré sous le rapport de ses objets intérieurs, le pouvoir souverain de l'Église, comme celui de toute société quelconque, se divise en trois branches, savoir, la Justice, la Police et les finances de l'Église.

§. 469.

a) *Police.*

La police Ecclésiastique est le droit de déterminer dans l'intérêt du but de l'Église les actions des membres de la communion.

§. 470.

Sous ce rapport, la conservation de l'Église et le règlement de la célébration du culte constituent principalement et le droit et le devoir du pouvoir Ecclésiastique.

§. 471.

En conséquence la police Ecclésiastique veille par-dessus tout à la conservation dans l'Église des principes de religion qui servent de base au culte extérieur, c.-à-d. qu'elle a soin que dans ce culte on n'enseigne et l'on ne présente sous des formes sensibles d'autres vérités que celles qui sont contenues dans le Symbole de l'Église, ou qui du moins sont concordantes avec ces dernières. Ce devoir de l'Église est établi par les contrats sur lesquels elle se fonde.

§. 472.

Mais ce devoir ne saurait préjudicier à la liberté de conscience, et autoriser le pouvoir Ecclésiastique à exiger de la part des membres foi et croyance aux dogmes du Symbole (§. 420.).

Note. En cette matière il est très-facile de dénaturer la question lorsqu'on l'exprime ainsi qu'il suit: subsiste-t-il un droit de fixer des formules immuables de dogmes ou de thèses? D'abord, il ne s'agit point ici de formules de dogmes ou de thèses, mais bien de dogmes et de thèses mêmes. Ensuite le terme: immuable peut s'entendre ou de l'Église, ou de l'individu. Par rapport à l'individu, aucune loi ne saurait rendre immuable une doctrine ou un dogme quelconque. Scruter et examiner est un devoir qu'imposent également à l'homme et la religion, et la raison, et la révélation. Et dans sa position présente la recherche de la vérité convient peut-être plus à l'homme que la vérité même. Mais dans l'Église il est évident que toute altération des dogmes de la religion objective qu'elle professe change l'Église même. Ceux qui ne veulent point cette innovation ne sauraient être contraints à la reconnaître et à l'adopter. En cette matière, il faut le dire, on ne fait pas assez attention 1° que le droit de quitter à chaque instant l'Église demeure réservé à chaque membre; 2° qu'altérer les dogmes religieux c'est véritablement établir pour fondement du culte extérieur une nouvelle religion objective. Au surplus, une fixation irrévocable de dogmes religieux pour servir de base au culte extérieur ne saurait être considérée comme une entrave de l'intelligence humaine, de l'esprit d'investigation, de la liberté de penser. Dans l'Allemagne Protestante les Livres Symboliques ont-ils entravé les progrès des lumières?

§. 473.

La police Ecclésiastique veille de plus au règlement et à la conservation de la Liturgie, ou du mode déterminé de célébration du service divin, relativement au temps, à l'endroit, au cérémonial, aux personnes qui doivent y être en fonction etc.

Note. Au reste la Liturgie peut et doit de temps à autre être changée conformément au goût du siècle.

§. 474.

Du droit de police relativement à la Liturgie sont exclus tous les points fixés dans le Symbole même de l'Église.

§. 475.

Enfin la police Ecclésiastique s'étend pareillement aux institutions accessoires de l'Église.

Note. Ici appartient dans l'Église chrétienne la discipline Ecclésiastique relativement aux moeurs des membres de la communion.

§. 476.

b) *Finances.*

Le pouvoir financier de l'Église est le droit de percevoir, pour ses fins particulières, de la part des membres, des droits ou des contributions, et de les administrer.

12*

§. 477.

c) *Justice.*

La Justice Ecclésiastique ne peut avoir pour objet que les relations établies entre l'Église et ses membres par les contrats fondamentaux. À l'égard de ces relations les membres sont soumis à la Jurisdiction Ecclésiastique en vertu des contrats même sur lesquels se fonde l'Église.

IX.

Droits casuels ou acquis de l'Église.

§. 478.

Leur fondement.

Les droits casuels de l'Église doivent se fonder sur des acquisitions particulières.

§. 479.

Tout ce qui est requis pour la légitimité d'une acquisition relativement à l'individu, l'est également pour les acquisitions faites par l'Église, en qualité de personne morale (§. 145.).

§. 480.

Ordre Ecclésiastique, Clergé, Prêtrise.

Des personnes déterminées ont-elles été exclusivement chargées de vaquer aux fonctions du service divin, elles forment dans l'Église un Ordre particulier appelé *l'Ordre Ecclésiastique*, *l'Ordre du Clergé et de la Prêtrise.*

§. 481.

La notion de leur état n'emporte nullement que ces personnes soient revêtues de pouvoir en matière d'Église, et cel a dautant moins que l'existence d'un Clergé, bien qu'utile, est évidemment très-accidentelle.

Note. Même l'Église Catholique ne fonde point sur la nature de l'Ordre du Clergé et du Gouvernement Ecclésiastique la réunion de ces deux choses. L'Église Protestante allemande trouva une pareille réunion fort dangereuse; aussi les premiers Réformateurs religieux renoncèrent-ils spontanément à un pouvoir qui serait peut-être arrivé dans leurs mains.

X.

Comment cessent des sociétés de religion.

§. 482.

a) *Renonciation de la part des membres.*

En ce qui concerne chaque membre individuellement, son incorporation à l'Église cesse dès qu'il le juge lui-même à propos.

Car il ne peut s'engager par aucun contrat à se servir, contre son gré, de quoi que ce soit comme d'un véhicule de sa moralité, vu que ce serait s'obliger à quelque chose de contradictoire et d'impossible.

§. 483.

Ses effets.

Mais cette retraite d'un membre de l'Église n'entraîne point l'extinction des obligations juridiques antérieurement déjà contractées, supposé qu'elles n'aient point été stipulées sous la condition que le membre renoncant demeure dans le giron de l'Église.

Car de pareilles obligations passées sans cette condition, bien qu'elles aient été contractées dans le temps de l'association à l'Église, ne l'ont cependant point été en vertu de cette association; elles ne sont donc point dépendantes de cette association, et de sa cessation.

§. 484.

En outre, le même rapport que celui de Sujet à Sujet continue de subsister entre l'Église et le membre renoncant.

Note. Dans les États de l'Allemagne les Églises dominantes et publiquement reçues possèdent, en qualité de communautés dans l'État ou de personnes morales et civiques, maints droits et devoirs auxquels, par sa renonciation à l'Église, aucun membre ne saurait se soustraire. Au nombre de ces droits et devoirs il faut compter entr'autres ceux qui se rapportent à la tenue des regîtres de l'Église, des cimetières etc. En qualité de membre de l'État, l'Église a l'obligation de tenir de pareils regîtres, et en cette même qualité elle a obtenu de l'État le privilège de posséder des cimetières.

§. 485.

b) *Exclusion.*

L'Église ne peut refuser à un membre l'entrée dans ses assemblées que lorsqu'il s'en rend indigne, soit en violant les lois de l'Église, soit en outrageant l'Église. Car elle ne peut offrir la participation aux actes de son culte que sous la condition que l'individu y trouve son édification. Le contrat de réunion emporte par conséquent que tout membre demeure libre de quitter l'Église, mais non pas qu'il puisse en être exclu.

§. 486.

c) Changement du culte ou de la religion de la part de toute l'Église.

D'un commun accord de tous les membres, l'Église peut changer sa religion, par conséquent aussi son but, ou le culte antérieurement convenu.

§. 487.

Mais dès-lors elle est une nouvelle Église, une nouvelle personne morale.

Car l'unité du but constitue l'essence de toute société quelconque, l'unité de sa volonté établit sa personnalité morale (§. 151.).

§. 488.

Les droits dont elle jouissait précédemment s'éteignent par conséquent, bien que ceux qui lui appartenaient en qualité de personne morale lui soient itérativement donnés par sa nouvelle existence.

§. 489.

Dès-lors il dépendra une seconde fois du pouvoir souverain d'accorder ou de refuser de nouveaux droits à l'Église, en qualité de personne morale dans l'État.

§. 490.

Il est plus évident encore qu'une personne morale tout-à-fait nouvelle prend naissance, lorsque seulement une partie de l'Église se sépare de la communion et établit une Église particulière.

§. 491.

Effets de la dissolution de l'Église par rapport au bien ecclésiastique.

Une Église se dissout-elle entièrement, les membres sont en droit de se partager son bien. Car aussi longtemps qu'ils existent comme Église ils sont les maîtres de disposer de son bien, et par conséquent aussi de le partager entr'eux avant leur séparation.

§. 492.

De cette règle il faut excepter les donations faites à l'Église, lesquelles dès-lors sont restituées au donateur. Car la donation a été faite à l'Église comme telle, par conséquent sous la condition de son existence comme Église. Avec l'existence de l'Église cesse par conséquent aussi la volonté du donateur de se priver de sa propriété; d'où il suit que la donation doit être restituée au donateur.

III.

DROIT NATUREL DE FAMILLE.

DROIT NATUREL DE FAMILLE.

I.

Mariage.

§. 493.

Définition et but du mariage.

Le mariage est une société entre personnes de sexe différent, formée dans le but de cohabiter *exclusivement* et *privativement* ensemble.

§. 494.

Le but du mariage n'est donc pas la cohabitation en général, mais bien la cohabitation *exclusive* et *privative*, c.-à-d. l'abstinence mutuelle de la cohabitation avec d'autres personnes, la conservation réciproque de la pureté des deux conjoints l'un pour l'autre.

Note. Aux yeux de quiconque n'a pas abjuré tout sentiment de noblesse et d'humanité, la copulation charnelle en elle-même doit paraître bien peu compatible avec la dignité de l'homme. En effet l'homme ne se porte à la copulation que par pure sensualité. Nous avons sans doute aussi cela de commun avec les animaux que nous mangeons, que nous buvons et que nous dormons comme eux, mais quoique la sensualité nous pousse pareillement à satisfaire à ces besoins, au moins le devoir de la conservation de nous-mêmes, par conséquent la raison, vient se joindre ici à la sensualité. Mais aucun devoir quelconque nous oblige à la copulation, nous y sommes déterminés, comme l'animal, uniquement par l'attrait du plaisir sensuel, par conséquent par pure sensualité. On est donc très-fondé à élever le doute, si la copulation charnelle est compatible avec l'idéal de la sainteté que nous avons l'obligation rigoureuse de réaliser dans l'intérieur de notre coeur, et dans les détails de la vie. En effet ce qui seul peut la rendre licite, c'est *l'amour*, cet amour qui n'appartient qu'à l'espèce humaine, cet amour dont on a dit qu'il ferait adorer Dieu dans un pays d'athées, cet amour enfin sans lequel le mariage ne serait qu'un privilège d'impudicité. Et le caractère propre de cet amour n'est-il pas évidemment le voeu de posséder seul l'objet que l'on affectionne? car est-il pour l'amour rien de plus cruel que de savoir l'objet aimé dans les bras d'un autre? l'amour n'emporte-t-il pas évidemment le renoncement spontané à tout commerce sensuel avec d'autres? ne traîne-t-il pas après lui le repentir le plus vif d'avoir dans l'ivresse de la légèreté violé la foi conjugale même secrètement? L'amour ne veut point jouir, il veut au contraire donner du plaisir. En outre, il émousse l'aiguillon du désir sensuel, et imprime de la sorte un caractère de noblesse à la cohabitation, qui se présentant dès-lors comme l'expression de l'intimité de l'amour, est dans l'enthousiasme supérieur de l'amour ce que le serrement de main de l'ami est dans l'enthousiasme plus tempéré de l'amitié.

§. 495.

On conçoit donc pourquoi le mariage, en qualité de société pour la cohabitation exclusive et privative, fut partout en honneur comme une union sacrée. Loin d'être un contrat civil passé dans la vue de satisfaire des besoins sensuels, le mariage est une institution qui a pour but, non pas de propager l'espèce humaine, mais de rendre cette propagation *moralement* possible.

Note. Le but du mariage ne saurait être 1° la satisfaction des plaisirs de la volupté; car tous les peuples le distinguent précisément de tout écart quelconque de l'impudicité et du concubinat même. Nos recherches constatent-elles que le mariage et le concubinat emportent des effets juridiques différens, elles décident par cela même la question, si même dans le droit naturel les deux instituts diffèrent essentiellement l'un de l'autre. Et l'on ne serait jamais tombé sur l'idée de distinguer le mariage du concubinat par la forme civile attribuée exclusivement à l'union conjugale, si l'on n'eut entrevu une différence dans l'essence de l'un et de l'autre. Le but du mariage ne saurait non plus être placé 2° dans la procréation et l'éducation des enfans. Car presque partout on reconnaît le mariage de personnes âgées et impuissantes. Il y a plus: on peut même concevoir un mariage là où l'État prendrait à soi et éléverait les enfans, institution qui sans doute serait horrible. Enfin 3° le but du mariage peut tout aussi peu être celui de vivre ensemble, de s'aider et de se soutenir réciproquement (*perpetua vitae consuetudo et mutuum auxilium*). Car il existe des mariages où les époux vivent éloignés l'un de l'autre. La notion que nous avons donnée du mariage se justifie déjà par cela même que tous les peuples ont considéré la fornication des époux avec des personnes tierces comme une violation de la foi conjugale, ce qui ne résulterait d'aucune des autres fins que l'on suppose habituellement au mariage.

§. 496.

De la cohabitation hors mariage.

Toute cohabitation hors mariage pèche contre la loi morale, bien qu'elle ne soit pas contraire à la loi de la justice. Elle ne viole la loi de la justice que lorsqu'elle a été consommée par fraude ou violence, et que par conséquent la personne séduite a été déterminée contre sa volonté. Mais la cohabitation hors mariage blesse la loi morale, parce que la restriction à une seule personne de tous les désirs de l'amour sensuel est seul ce qui imprime de la noblesse à ce que cette passion a de bas et d'humiliant, vu que dès-lors la cohabitation ne se présente plus comme un moyen de satisfaire les plaisirs de la volupté, mais bien

comme l'expression d'un amour délicat qui veut donner et non jouir, de sorte que par le contrat de mariage les deux époux deviennent pour ainsi dire une seule et même fin.

Note. Sans doute les suites déplorables de la cohabitation hors mariage ne sauraient entrer en considération lorsqu'il est question de sa moralité. Mais quiconque ne tient pas compte de ces suites, et peut encore traiter de bagatelle les écarts de l'impudicité, mérite à peine le nom d'homme. Car remarquez attentivement que sur 400 enfans légitimes deux cents pour le moins parviennent à l'âge de la virilité, mais que sur 400 nés hors mariage à peine un seul atteint sa seizième année. Tant il est vrai que la débauche moissonne le genre humain plus que ne le fait la guerre la plus meurtrière. Ces enfans illégitimes à charge à ceux qui leur ont donné la vie, abandonnés par eux, remis pour la plupart aux mains des gens du peuple les plus pauvres, qui cherchent encore à tirer le plus grand bénéfice possible de la modique pension alimentaire qu'on leur paie, languissent d'une manière si déplorable par le besoin et le manque d'une nourriture saine dans la malpropreté, assaillis des maladies les plus affreuses, soit de la peau, soit des entrailles, qu'il n'est pas surprenant qu'ils meurent pour la plupart tous avant l'âge de 16 ans. En Europe il ne se passe pas de jour qui ne soit marqué par un assassinat de ce genre, et aucun Juge ne peut l'empêcher.

§. 497.

Concubinat.

Le concubinat est une société qui a pour but la cohabitation, toutefois sans la condition de cohabiter *exclusivement* et *privativement* ensemble. Ce n'est donc pas la forme civile, purement accidentelle, sous laquelle on contracte le mariage, c'est la notion même, par conséquent le droit de la nature, qui différencie les deux espèces d'unions, et l'une et l'autre produisent des effets juridiques tout-à-fait différens.

Note. Dans le concubinat l'éducation des enfans peut avoir lieu, et pourtant il ne sera pas pour cela réputé mariage, comme en effet il ne l'a point été chez les Romains.

§. 498.

Comme le concubinat viole la Morale, et que toute société contraire au devoir moral peut bien avoir des droits à l'extérieur, mais n'en produit point à l'intérieur, il n'établit, en qualité de contrat, ni droits ni devoirs entre les parties contractantes. Chacune d'elles peut renoncer librement à une union qui empêche son perfectionnement moral (§. 150.).

§. 499.

Polygamie et polyandrie.

La loi morale ordonne que le mariage ne soit contracté qu'entre un seul homme et une seule femme; elle prohibe et condamne absolument la polygamie et la polyandrie. Car quiconque contracte mariage avec plus d'une femme à la fois exige d'elles qu'elles s'abstiennent de tout commerce avec d'autres hommes, sans toutefois s'engager envers elles à la même continence. Il doit donc les considérer comme des êtres fort au-dessous de lui, et prédestinés uniquement à contenter sa sensualité, d'où il suit qu'il les considérera et les traitera, si non de fait, du moins en esprit, comme de simples instrumens et moyens.

Note. Voilà pourquoi les peuples chez lesquels la polygamie est reçue sont, pour la magnanimité et la force, infiniment inférieurs aux peuples qui ne connaissent que la monogamie. Les femmes mêmes, ravalées qu'elles sont, ne peuvent point inspirer à leurs enfans les vertus qui sont l'appanage de la vigueur et de l'énergie. Des jalousies intérieures désunissent la famille, les enfans apprennent à haïr leur belle-mère et leurs demi-frères et soeurs, et à regarder leur père neutre d'un oeil indifférent. Le paisible amour de famille, ce premier des attachemens, la vie domestique, cette source de toutes les vertus, disparaissent. L'État souffre par suite de la dépopulation. La grande multitude de célibataires est énervée, ou tombe dans les vices les plus révoltans. C'est par ces raisons que la polygamie est à la fois et répréhensible et défavorable.

§. 500.

La polygamie étant contraire à la loi morale ne produit à l'intérieur ni droits ni obligations, mais comme elle ne pèche point contre la loi de la justice des droits envers un tiers ne sauraient lui être refusés (§. 150.).

§. 501.

Qui peut contracter mariage.

Personne ne peut être empêché de contracter mariage avec toute personne quelconque qui y consent.

§. 502.

Du mariage entre proches parens.

Tout mariage entre trop proches parens est contraire à la loi morale.

Par trop proches parens on entend tous ceux pour lesquels la nature, ou les usages de la patrie nous inspirent une espèce d'attachement qui est incompatible avec l'amour que le mariage exige ou donne. Ici l'un des attachemens serait sacrifié à l'autre, et la diversité harmonique des relations d'intime affection serait ainsi détruite.

Note. C'est un phénomène bien remarquable que chez toutes les nations de la terre les mariages entre proches parens sont non-seulement rares, mais aussi détestés comme incestueux. Déjà nos ancètres sentaient que l'aversion pour de pareilles unions a sa source dans la nature même de l'homme. Cette incompatibilité de l'affection que l'on porte à une mère avec l'amour que l'on ressent pour une amante est ce que les Romains appelaient *horror naturalis.* Cette aversion innée pour tout mariage entre proches parens paraît avoir été inspirée à la nature humaine, afin que des liens divers unissent les familles dispersées et séparées les unes des autres. Aussi voit-on que chez la plupart des peuples les mariages sont défendus entre ascendans et descendans, ainsi qu'entre frères et soeurs. Et pour quelle raison les législateurs auraient-ils défendu ces mariages, si ce n'eut été pour èmpêcher de soulever publiquement le sentiment moral? Car décidément une pareille prohibition aurait été incapable de prévenir l'impudicité prématurée dans les familles, si la nature n'y eut pourvu. Comment une prohibition de mariage aurait-elle pu étouffer entre personnes de sexe différent les désirs sensuels de la manière que nous le voyons entre proches parens? On prohibe les mariages entre personnes de conditions très-différentes et cependant les contraventions sont très-fréquentes. Mais qui ne sent la différence de l'amour conjugal d'avec l'amour que l'on porte à la soeur ou à la mère? C'est là ce qui contraint les hommes à chercher des épouses hors de leur famille; c'est là ce qui multiplie parmi eux les liens d'affection, c'est là enfin ce qui réunit un grand nombre de familles en une seule, et ce qui maintient entr'elles l'intimité la plus parfaite, laquelle serait entièrement détruite, si les mères, les soeurs, et les filles étaient obligées d'être aussi circonspectes envers leurs fils, leurs frères et leurs pères que le sont les personnes vertueuses du sexe envers les hommes qu'elles peuvent soupçonner de sentir pour elles des inclinations reprochables.

§. 503.

Les mariages entre trop proches parens sans doute ne sont point contraires au droit de la nature, et par conséquent ne sauraient être empêchés par autrui, mais ils blessent la morale de la nature, et par cela même ils ne produisent point d'union juridique, ni n'engendrent des droits et des obligations entre les deux époux.

Note. C'est à la Morale, et non pas au droit naturel, à déterminer les degrés de trop proche parenté. Ceci doit varier suivant les moeurs des nations. C'est d'après cette règle, et non pas suivant des principes arbitraires, que les législations écrites doivent se prononcer à cet égard. En cette matière les interprétations extensives fixées par Moyse paraissent être fort appropriées aux moeurs et aux usages reçus dans nos climats.

§. 504.

Des promesses de mariage.

Une promesse de mariage, ou un contrat par lequel deux personnes de sexe différent promettent de s'épouser dans un temps futur n'est obligatoire dans le droit naturel que lorsque la rétractation de la part d'un des fiancés porterait atteinte aux droits innés ou acquis de l'autre (§. 117 — 124.).

§. 505.

Conventions matrimoniales.

Tous les autres contrats qui ont pour objet de fixer les droits des deux époux relativement au mariage peuvent être compris sous la dénomination de ***conventions matrimoniales.***

§. 506.

Époque de la force obligatoire du mariage.

Le mariage même commence et devient obligatoire à dater de la première cohabitation effectuée sous condition de mariage. Car comme la loi morale réprouve toute cohabitation sans cette condition (§. 496.) la violation de la parole envers la personne qui ne s'est rendue qu'à cette condition serait la plus avilissante humiliation qu'essuyerait cette personne, laquelle aurait été traitée comme simple moyen de satisfaire les désirs impurs de notre sensualité.

II.

Effets du mariage par rapport aux époux.

§. 507.

Fidélité conjugale.

La notion même du mariage emportant le devoir de chaque conjoint de s'abstenir de toute cohabitation avec d'autres, établit par cela même en faveur des deux époux le droit d'exiger la fidélité conjugale. Abstraction faite de la survenance de circonstances particulières, ce droit est l'unique droit essentiel qu'emporte la simple notion du mariage. La fidélité conjugale est donc le premier devoir des conjoints, et ce devoir ne pèse pas plus rigoureusement sur l'épouse que sur l'époux. Car le contrat de mariage astreint les deux conjoints avec une force égale, et quoique sa violation entraîne pour l'épouse des suites plus fâcheuses, elle n'en reste pas moins, en qualité de violation de la foi, également répréhensible et de la part de l'époux et de la part de l'épouse; car enfin la foi donnée doit-elle être moins sacrée pour le mari que pour la femme?

Note. La promesse de s'abstenir de tout commerce avec d'autres n'étant autre chose que la promesse de la cohabitation exclusive et privative emporte la condition de partager ensemble les plaisirs sensuels de l'amour. Il paraît donc qu'il est permis d'admettre que chaque conjoint a l'obligation *juridique* de ne point, sans raison, se soustraire aux embrassemens de l'autre. Et cependant j'ose soulever la question, si dans le droit naturel on peut admettre en faveur des deux époux un *droit juridique* strict et rigoureux d'exiger de l'autre la cohabitation? Ce droit souffrant des exceptions dans les cas de maladies, et dans d'autres circonstances, par cela même déjà n'est point parfaitement juridique. En outre comme ce serait toujours rabaisser l'humanité au rang de simple moyen ou d'instrument que de forcer l'époux ou l'épouse contre son gré à la cohabitation, comment un droit de cette nature pourrait-il jamais être conçu? Peut-il exister un droit d'exiger d'un ami qu'il vous embrasse? Un homme doit-il pouvoir être en droit de forcer quelqu'un à se prêter aux désirs de sa sensualité? Et la cohabitation ou condormition conjugale même, sans le caractère de noblesse que lui imprime l'amour moral, qu'est-elle autre chose que la satisfaction de désirs sensuels? Qui ne mépriserait un époux qui use de violence envers son épouse pour en obtenir le devoir conjugal? Et d'ailleurs tout contrat par lequel on s'engagerait à se laisser déterminer à la cohabitation, même contre son gré, par conséquent à se prostituer pour les plaisirs d'autrui, est illicite et ne produirait par conséquent aucun devoir.

§. 508.

Autres droits et devoirs des époux, établis a) *par survenance de circonstances particulières.*

Mais des circonstances particulières survenues dans le mariage peuvent établir encore d'autres droits parmi les conjoints, soit en vertu de conventions matrimoniales, soit sans de pareilles conventions.

§. 509.

Sous ce dernier rapport, il importe de faire observer que lorsque l'épouse devient enceinte le droit naturel impose à l'époux le devoir d'avoir soin d'elle et de pourvoir à son entretien pendant tout le temps de sa grossesse, de son accouchement et des premiers soins donnés à l'enfant. Car cet état de l'épouse est un effet de l'action du mari. Or elle ne se serait point laissée mettre dans cette situation, si elle eut pu le croire capable de l'abandonner dans son état de délaissement.

§. 510.

b) *par conventions matrimoniales.*

Par des conventions matrimoniales on peut établir en faveur des deux conjoints toutes sortes de droits. Toutefois elles ne peuvent stipuler rien d'immoral en général, ni en particulier rien de contraire à la dignité du mariage.

III.

Effets du mariage par rapport aux enfans.

§. 511.

Devoirs des parens envers leurs enfans.

Des enfans naissent-ils du mariage, les deux époux ont l'obligation de les nourrir, de les élever et de les protéger. Car l'enfant se trouve dans le plus grand délaissement et une mort certaine et déplorable l'attend, si on ne lui prodigue des secours. Les parens qui l'ont tiré du néant et placé dans cet état de détresse sont donc obligés de l'en dédommager, ce qui n'est possible qu'en pourvoyant à son entretien et à son éducation.

§. 512.

Le devoir de pourvoir à l'entretien de l'enfant comprend tous les soins donnés pour conserver sa vie et sa santé, autant que cela peut dépendre des lumières des parens.

§. 513.

Le devoir de l'éducation de l'enfant comprend tous les soins donnés à sa culture morale, et à ce genre de culture intellectuelle et corporelle qu'exige, suivant le degré de la civilisation nationale et la position des parens, la vocation de l'enfant.

§. 514.

Droits des parens envers leurs enfans.

C'est par rapport à ces devoirs que les parens ont le droit de déterminer les actions des enfans. Car le droit naturel défend uniquement de déterminer une personne contre sa volonté raisonnable. Or comme les enfans n'agissent point d'après des motifs raisonnables, les parens ne violent point la loi de la justice en déterminant leurs actions. Et d'ailleurs ils ont le devoir d'élever leurs enfans, par conséquent de déterminer leurs actions, d'où il suit qu'ils en ont aussi le droit (§. 31.).

§. 515.

Mais les parens n'ont point le droit d'empècher les actions raisonnables de leurs enfans, ou de les astreindre à des actions perverses et contraires à la raison. Car du moment que les enfans agissent conformément à la raison, le motif pour lequel on peut et l'on doit déterminer leurs actions cesse de lui-même.

§. 516.

Les enfans commencent-ils à se procurer eux-mêmes une partie de leur entretien, les parens ont seulement l'obligation d'ajouter à ce qui y manque. Car le fondement du devoir des parens, savoir le délaissement de l'enfant, dans un semblable cas cesse à proportion.

§. 517.

Aussi long-temps que dure la puissance paternelle le père a le droit d'inspection suprême et d'administration relativement à toutes les acquisitions faites par les enfans. Car ni les devoirs, ni les droits des parens ne cessent par la capacité de l'enfant de se procurer une partie de son entretien.

Note. Lorsque les hommes embrassèrent la vie pastorale et exercèrent ensuite l'agriculture, une union plus permanente s'établit dans les familles. Le besoin de la subsistance ressérа davantage les liens des membres de la famille entr'eux. Comme les enfans travaillèrent avec leur père, il était naturel que le patrimoine de la famille devint juridiquement la copropriété de tous les membres. En conséquence après la mort du père les enfans héritèrent en qualité de copropriétaires, ou plutôt la copropriété du bien de famille se consolida dans eux. À défaut d'enfans, les autres membres de la famille qui pour leur personne, ou dont le père et la mère avaient une fois été enfans dans cette famille, parvinrent à la succession. Car les traces de leurs travaux, ou de ceux de leurs pères, semblaient être encore inhérentes au patrimoine de famille. Plus tard on oublia le véritable fondement de cette succession (la copropriété), on considéra comme un droit du sang ce qui ne fut qu'un droit d'hérédité par copropriété, et ne consultant que les progrès de la civilisation et la situation de l'État, on substitua à ce droit primitif d'hérédité le droit du sang. De là vint en particulier que chez la plupart des peuples les biens-fonds passèrent originairement aux fils et aux mâles de la famille, parce que ce furent principalement les mâles qui exercèrent l'agriculture. Sur ce point sont d'accord le Droit Mosaique, le Droit Romain, et le Droit Germanique.

§. 518.

Les parens ont aussi le droit de punir les enfans, punition qui sans doute doit avoir beaucoup plus la nature d'une simple correction que celle d'une peine proprement dite. Les parens y sont autorisés parce qu'ils y sont obligés, vu que sans ce droit ils ne pourraient pas déterminer les actions des enfans, ni par conséquent les élever.

§. 519.

Les parens sont dans le droit et dans l'obligation de protéger les enfans contre les offenses des autres. Et comme cette obligation est juridique et non pas simplement morale, toute offense faite à l'enfant l'est en même temps aux parens.

§. 520.

Égalité pour le père et la mère des droits et devoirs par rapport aux enfans.

Ces droits et devoirs par rapport aux enfans sont égaux pour les deux parens. Car il n'existerait aucun raison d'imposer plus de devoirs, ou d'attribuer plus de droits à l'un qu'à l'autre. Toutefois comme le père est censé chef de famille parce qu'il pourvoit à l'entretien de tous, la direction suprême de l'éducation doit lui appartenir, bien que la mère principalement soit tenue de se charger des soins que l'éducation exige.

§. 521.

Chacun des parens a le droit d'exiger de l'autre les secours nécessaires pour l'éducation des enfans. Car chacun d'eux ose et doit garantir l'intégrité des droits des enfans (§. 572.). Or si l'un ou l'autre se dérobait au devoir de les élever etc., il violerait évidemment les droits des enfans.

§. 522.

Cessation des droits et devoirs des parens.

À mesure que les enfans croissent et se forment insensiblement à leur vocation, les droits et devoirs des parens sont peu à peu restreints et finissent par s'éteindre tout-à-fait.

§. 523.

Droits et devoirs de l'État quant à l'éducation des enfans.

L'État est pleinement en droit de contraindre les parens à faire instruire leurs enfans dans toutes les connaissances qui leur sont indispensablement nécessaires comme hommes et comme citoyens, telles que la religion, l'art de lire et d'écrire etc. Mais l'État ne saurait prescrire aux parens la religion dans laquelle les enfans doivent être instruits. L'État ayant le droit et l'obligation de protéger les droits des enfans, il doit surveiller les parens même, et au besoin les rappeler à leurs devoirs. Il est le tuteur suprême des mineurs.

§. 524.

Des enfans dont on a pris soin.

Quiconque recueille chez soi des enfans orphelins et leur tient lieu de père ou de mère, acquiert, par rapport à eux, les droits des parens dans la même proportion suivant laquelle il remplit ses devoirs à leur égard.

Note. Les tuteurs sont encore autre chose; ils ne sont que les mandataires de l'État, qui est le père, à titre de soins, de tous les enfans.

Imprimé par F. A. Brockhaus à Leipsic.

ERRATA.

Page	*Ligne*		*Lisez*
3	9	L'Eglise	L'Église
17	23	extérieure,	extérieure
26	§ 3		§ 63
93	20	clé	clef
159	9	sel es rendre	se les rendre
173	10	l'Eglise	l'Église
193	35	Moyse	Moïse
199	24	Mosaique	Mosaïque
201	§ 542		§ 524

www.ingramcontent.com/pod-product-compliance
Ingram Content Group UK Ltd.
Pitfield, Milton Keynes, MK11 3LW, UK
UKHW021137260726
13994UKWH00001B/185